바다를 등진
해양도시

이 저서는 2019년 대한민국 교육부와 한국연구재단의 지원을 받아 수행된
연구임 (NRF-2019S1A6A3A02102843)

바다를 등진
해양도시

권기영·김창수·손동혁·송승석·심진범·장정구·최영화

책을 펴내며

지난 2020년 12월 인천대학교 중국학술원 중국·화교문화연구소와 인천대학교 문화대학원 지역문화연구소는 "인천의 지역해양문화 전략"이란 주제로 공동 세미나를 개최했다. 이 책은 해당 세미나에 참여했던 분야별 전문가들의 발표와 토론 내용을 정리한 것이다. 오랫동안 인천지역의 현안을 중심으로 인문학, 환경, 문화, 관광 등의 분야에서 연구와 실천 활동을 해오신 전문가들은 본 세미나의 기획 의도에 적극 공감하면서 약 두 달 동안 총 5회에 걸친 집중 토론에 기꺼이 동참해 주셨다. 이 자리를 빌려 세미나에 참여해 주신 분들께 진심으로 감사의 말씀을 드린다.

모두가 인정하는 바와 같이 인천은 우리나라의 대표적인 항구도시이고, 당연하게도 인천의 과거와 미래 역시 '바다'를 떼어놓고 상상할 수 없다. 그럼에도 불구하고, 인천에 살고 있는 사람들은 대체로 공감할 터인데, 인천에게 '바다'는 다른 항구도시와는 사뭇 다른 기억과 감각의 공간으로 존재하는 듯하다. 인천의 지역정체성을 묻는 설문조사에서 '바다'는 항상 상위에 놓여있고, '바다'와 관련된 인천시의 정책 또한 없는 것은 아니나, 인천은 늘 '바다'를 등지고 '서울'을 바라보고 있다는 느낌을 지울 수가 없었다.

국가 차원에서 해양의 중요성이 강조되고, 소위 '해양강국'으로 나아 가기 위해서는 범국민적 해양의식의 제고가 필요하다는 관점에서 2020 년 2월 〈해양교육 및 해양문화의 활성화에 관한 법률〉이 제정되었지만, 인천에서는 시 정부를 비롯해 산업, 교육, 문화예술계의 인사들 대부분 이 관련 소식조차 모르거나 혹은 안다 해도 별다른 관심을 보이지 않았 다. '해양문화'를 주제로 세미나를 기획했을 때, 전문가들이 흔쾌히 공감 하면서 참여했던 것은 무엇보다 이러한 인천의 분위기에 대한 답답한 심 정이 가장 큰 동기가 되었다. 인천은 왜 '바다'에 관심이 없을까? 아니 인 천이 '바다'에 관심을 가져야만 하나? '바다'의 관점에서 인천을 본다는 것 은 기존의 관점과 어떻게 다른가? 궁극적으로 인천의 미래에 '바다'는 어 떤 의미가 있을까? 우리의 세미나는 바로 이런 근본적인 문제로부터 출 발하지 않을 수 없었다.

송승석 교수는 세미나의 기조 발제를 통해 21세기 세계사적 관점에서 해양도시로서의 인천의 지정학적·전략적 위상을 강조하면서 '바다'에 대 한 인천의 태도에 근본적인 물음을 던진다. 송 교수에 따르면, 최근 갈 수록 격화되고 있는 미·중 무역전쟁 역시 본질적으로는 미국이 구축한 대중국 해양 봉쇄망, 그러니까 일본—한국—오키나와—대만—필리핀— 호주로 이어지는 해양 봉쇄망을 중국이 뚫고 나오려는 데서 비롯된 21 세기 버전의 해양 패권 경쟁으로 볼 수 있다. 물론 우리나라 역시 이러 한 바다를 둘러싼 갈등과 경쟁 국면에서 결코 자유롭지 못하게 되었다. 문재인 정부가 제시한 '한반도 신경제지도 구상'이 황해와 동해를 중심에 놓고 그린 그림이라면, '신남방 정책'은 해양 패권 경쟁의 한가운데로 뛰 어든 형국이라고 할 수 있다. 송 교수는 이러한 대내외적 환경변화 속에

바다를 등진 해양도시

서 해양도시로서의 인천의 역할이 무엇보다도 중요하다고 강조한다. 해양 패권 경쟁에 뛰어든 중국에 대한 대응, 남북평화와 상생 번영, 아세안 및 인도와의 교류와 협력 등을 종합적으로 고려할 때, 인천은 그 어느 때보다도 중요하고도 핵심적인 역할을 새롭게 부여받고 있다는 것이다. 문제는 인천이 이러한 기대와 사명을 자각하지 못하고 있는 것처럼 보인다는 점이다.

도대체 인천은 왜 이렇게 '바다'에 관심이 없을까? 2장은 이러한 인천의 해양의식에 대한 전문가들의 진단과 분석을 정리한 것이다. 우선 세미나 참가자들 모두는 인천의 해양의식이 대단히 낮다는데 인식을 같이했다. 그러나 그것은 결코 인천 시민들의 잘못이 아니다. 김창수 교수는 인천 시민의 해양의식이 이처럼 낮게 된 이유가 한국 근현대사의 역정 속에서 인천이 감당해야 했던 기능과 관련이 있다고 분석한다. 수도권의 산업기지로 자리매김한 인천은 온통 매립과 난개발이 자행되면서 '바다를 밀어내는 방식'의 도시 개발이 추진되었다. 지금은 인천에서 본래의 해안선을 거의 찾아볼 수 없게 되었다. 더구나 인천의 바다는 남북 대결의 최전선에 위치함으로써 군사적 경계 지역이기도 했다. 해안선은 모두 철책으로 둘러쳐졌고, 일몰 이후에는 여객선의 운항도 금지되었다. 인천항을 비롯한 많은 장소들이 보안구역으로 지정되어 출입도 자유롭지 못했다. 심진범 박사는 이러한 환경 속에서 인천의 바다는 개방된 공간이 아니라 폐쇄성을 지닌 규제의 공간으로 인식될 수밖에 없었다고 진단한다.

물론 지난 100여 년 동안 인천의 바다가 감당해야 했던 이러한 기능은 지금도 여전히 작동 중에 있다. 그럼에도 불구하고 21세기 이른바 '해양의 시대'에 인천은 새로운 '해양도시'로서의 비전을 상상하지 않으면 안 된다. 세미나를 진행하면서 참가자들은 점차 인천의 미래 비전이 '바다의 시각'을 통해 새롭게 재설계될 필요가 있고, 인천은 이러한 패러다임의 전환을 실현시킬 수 있는 충분한 자원과 잠재력을 갖고 있다는데 확신을 갖게 되었다. 그리고 이러한 변화가 장기적으로 지속 가능하기 위해서는 무엇보다 인천 시민의 '바다'에 대한 인식의 전환과 확산이 밑받침되어야 한다는데 의견을 같이 했다. 이것이 우리가 '해양문화'에 주목하는 이유다. 3장은 최근 우리나라에서 '해양문화' 및 '해양문화정책'를 둘러싸고 진행되었던 논의들을 정리한 것이다.

4장은 중국의 해양문화정책을 소개하는 글이다. 필자가 인천의 해양문화와 관련해 중국의 해양문화정책을 소개하는 이유는 다음과 같은 두 가지 이유 때문이다. 하나는 21세기에 들어와 '해양강국'을 국가 전략으로 내세우면서 미국과의 해양 패권 경쟁에 돌입한 중국의 정책적 판단이 우리나라의 상황과도 상당히 유사한 점이 있고, 더구나 황해를 둘러싸고 향후 중국과의 협력 혹은 갈등과 경쟁이 심화될 수 있는데, 그 최전선에 인천이 자리하고 있기 때문이다. 다른 하나는 중국은 정책적 리더십이 강하게 작동하는 국가이고, 중앙정부의 정책 방향에 따라 지역 도시들이 신속히 반응하는 특징이 있기 때문에, 현재 전방위적으로 추진되고 있는 중국의 해양문화정책은 인천 해양문화정책의 설계와 추진에도 의미 있는 참조 사례가 될 수 있다고 생각했기 때문이다. 특히 해양문화의 대중화와 함께 해양문화의 산업화 및 글로벌화를 동시에 추진하고 있는 중국의 각종 프로젝트는 비판적으로 검토하면서 참조할 필요가 있어 보인다.

5장은 지난 20년 동안 인천시가 추진했던 문화 및 관광 정책에 있어서 '해양' 혹은 '섬'과 관련된 정책에는 어떤 것이 있었는지, 문제는 무엇인지를 분석한 글이다. 오랫동안 인천문화재단에서 활동해 온 손동혁 정책협력실장은 그동안 인천시가 설계한 문화예술 중장기 계획을 중심으로 인천의 해양(섬) 문화정책의 현황을 검토하면서 인천시의 사업들이 '해양문

바다를 등진 해양도시

화'의 관점이 아니라 정치·경제적 필요에 따라 섬과 바다를 활용하기 위해 제시된 측면이 많았다고 지적한다. 또한 인천연구원에서 관광 분야 전문가로 오랫동안 연구를 진행해 온 심진범 박사는 특별히 인천의 섬 정책의 특징을 분석하고, 향후 인천의 섬·해양 정책이 해양공간, 해양경제, 해양생태, 해양문화 등 전체적이고 통합적인 접근이 필요하며, 시민과 민간의 참여 못지않게 거버넌스 구조의 정책 리더십이 중요하다는 점을 강조한다. 광역·기초의 행정과 의회, 정부 및 유관기관, 시민사회, 지역주민, 전문가 등 다양한 이해관계자가 상호 협력하고 상호 작용하는 시스템 구축과 함께 거버넌스의 안정적 운용을 위한 제도적 지원구조를 제안하고 있다.

세미나가 막판으로 접어들면서 우리는 '바다'를 중심에 놓고 인천의 미래를 상상한다고 할 때, 인천이 당면한 조건 속에서 전략적으로 접근 가능한 구체적 사업에는 무엇이 있을 수 있을까라는 문제에 직면하게 되었다. 모두가 인정하다시피 인천에 해양문화를 확산시키고 인천 시민의 해양의식을 향상시키는 것은 오랜 기간 꾸준히 실천해야 하는 과제였다. 정책적 의지와 함께 제도적 지원도 필요하고, 무엇보다 각 분야의 전문가들과 함께 전체 시민들의 공감과 참여가 절실히 요구되는 과제였다. 따라서 이러한 노력이 동력을 상실하지 않고 지속적으로 실천되기 위해서는 전략적 사업의 발굴과 추진 또한 필요하다는데 의견이 모아졌다. 여러 논의 끝에 우리가 선택한 인천 해양문화의 전략적 사업 방향은 두 가지로 압축되었다. 하나는 해양의 관점에서 남북 교류와 협력을 모색하는 것이고, 다른 하나는 인천의 해양자원을 세계자연유산으로 등재하자는 것이었다. 6장은 바로 이러한 방향의 근거를 제시하는 내용이다.

인천연구원의 최영화 박사는 인천이 '해양문화'를 전략적으로 구상한다면 남북 교류의 문제가 핵심적인 과제로 떠오를 수밖에 없다고 강조한다. 인천시 역시 남북 교류 문제는 시정 과제의 하나로 중시하고 있고, 2019년에는 〈남북 평화협력시대 평화도시 인천 비전 및 전략 연구〉 보고서를 발간하기도 했다. 이 연구에 참여했던 최영화 박사는 그동안 문화 분야에서 추진되었거나 설계되었던 남북교류의 내용을 검토하면서, 이제 인천이 '바다'의 관점에서 남북 교류와 협력의 방안을 새롭게 구상하고 설계할 필요가 있다고 주장한다. 한편 오랫동안 인천녹색연합에서 활동했던 장정구 인천시 환경특별시추진단장에 따르면, 인천은 백령·대청 국가지질공원, 점박이물범과 해양포유류, 갯벌과 습지보호구역, 저어새와 두루미를 비롯한 수많은 철새 등 소중한 자연유산과 문화유산을 보유하고 있다. 이러한 해양생태계와 해양자원은 국경이 따로 있을 수 없고, 오히려 북한, 중국 등과의 적극적인 교류와 협력을 필요로 한다. 바다의 관점에서 남북평화와 해양생태계의 보호는 별개의 것이 아니다. 바다의 본성 자체가 '소유'를 거역하기 때문이다. 그로티우스(Hugo Grotius, 1583~1645)가 격정적으로 강조한 바와 같이 "바다는 우리가 소유하는 것이 아니다. 바다가 우리를 소유한다."

우리는 마지막 세미나를 마치면서 이제는 인천에서 '바다'에 관해 본격적으로 이야기를 시작해야 할 시점이 다가왔음을 직감할 수 있었다. 본래 우리 세미나는 출판까지는 생각하지 않았다. 세미나에서 우리가 토론했던 내용들이 전에 없던 새로운 이야기도 아니고, 세미나의 진행 역시 주제를 역시 미리 정해놓지 않고 자유토론을 진행하면서 협의해 보자는 방식으로 진행했기 때문에 출판으로 연계시키기에는 다소 무리가 있었다. 그럼에도 불구하고 우리 모두는 이번 세미나가 인천에서 '해양문화'를 이야기하는 출발점이 되었으면 좋겠다는 바람을 갖게 되었고, 주변에도 논의의 필요성을 전달하고 싶었다. 이렇게 출판이 기획되다 보니 세미나에서 논의되었던 다양한 의견과 아이디어들을 모두 담아내지 못하는 아쉬움이 남게 되었다. 향후 다른 지면에서 만나보기를 기대한다.

세미나의 진행과 출판까지 많은 분이 도움을 주셨다. 무엇보다 세미나의 기획과 운영 방식을 이해하고 전폭적으로 지원해주신 중국학술원 안치영 원장님, 코로나19의 위협 속에서 방역과 함께 실무를 책임져 주신 김난희 선생님께 감사의 말씀을 드린다. 권두언을 부탁드렸더니 흔쾌히 수락해 주시고 논문에 버금가는 글을 보내주신 김태만 국립해양박물관장님께도 진심 어린 감사의 말씀을 드린다. 관장님께서는 부산에 계시면서 해양에 관한 인천의 고민을 누구보다 진심으로 공감해 주셨다. 책 표지는 때로 책의 핵심적인 주제뿐만 아니라 미처 다하지 못한 여운마저도 상징적으로 보여주기도 한다. 지난 5월 인천에서 개최된 김영규(KIMSE) 화백의 전시회에서 본 작품 하나가 우리의 세미나 주제와 관련하여 머리에서 떠나질 않았는데, 작가님의 너그러운 승낙으로 작품 〈멍〉을 책 표지에 싣는 행운을 얻게 되었다. 고마움을 어찌 표현해야 할지 모르겠다. 끝으로 이 책에 삽입된 각종 이미지 자료의 사용을 기꺼이 허락해주신 인천광역시와 미추홀구, 옹진군 그리고 해양수산부, 김포시, 인천녹색연합, 경인일보, 인천일보, 연합뉴스 등과 그 관계자분들께 진심으로 고마움을 표하고 싶다. 이외에도 많은 분의 도움으로 이제 바다를 향해 한걸음 내딛을 수 있게 되었다. 다시 한번 감사의 말씀을 드린다.

2021년 5월 11일
인천대학교 지역문화연구소장
권 기 영

목차

시대정신의 대전환
: 대륙성에서 해양성으로

김태만(국립해양박물관장)

신해양 시대의 도래

지금까지 동서고금을 막론하고 해양 자연현상이나 해양과 인류사회에 관해 수없이 많은 연구가 있어 왔다. 그런데도 우리가 다시 해양을 논의해야 할 필연성은 무엇인가? 이전과는 다른 차원의 '신해양 시대'를 맞고 있기 때문이다. 그렇다면 무엇을 일컬어 '신해양 시대'라 하는가? '신해양 시대'는 적어도 다음과 같은 몇 개의 층위를 포함하고 있다. 첫째, 해양경제의 시대. 둘째, 해양하이테크의 시대. 셋째, 국제해양권익의 새로운 질서 구축의 시대. 넷째, 해양자원과 해양환경의 지속 가능한 발전을 지지하는 시대. 다섯째, 지구촌 전체의 해양의식과 해양관념을 보편적으로 강화하는 시대이다.[1]

그런데 문제는 해양경제, 해양하이테크, 국제해양권익 등을 세계가 앞

---

[1] 곡금량, 김태만 외 옮김. 『바다가 어떻게 문화가 되는가』, 산지니, 2008, p.2

바다를 등진 해양도시

다투어 추구하게 되면, 해양자원과 해양환경의 지속 가능한 발전은 기대하기 힘들다. 그동안 인류가 육지에서 펼쳐온 경쟁의 논리로 바다를 수단화하기 시작하면, 해양 역시 생태계의 파괴와 국가 간의 첨예한 갈등이 명약관화한 현실로 나타날 수밖에 없기 때문이다. 주로 지구촌 육대주 위에서 벌어졌던 자연 파괴와 심대한 오염은 땅에만 영향을 미친 것이 아니라, 결국 바다에까지 영향을 미쳐 현재 지구촌 전체가 몸살을 앓고 있는 현실이 더욱 심화할 수밖에 없다. 이는 해양자원과 해양환경의 지속 가능한 발전을 지지하는 시대가 되지 못하면, 해양경제, 해양하이테크, 국제해양권익 등을 실현해 나갈 '신해양 시대'가 결국 무의미해질 수밖에 없음을 반증하는 것이다. 이런 측면에서 '신해양 시대'를 제대로 열어나가기 위해서는 인류의 해양의식과 해양관념을 보편적으로 강화하는 일이 무엇보다도 중요하다. 즉, 인류의 미래 운명이 달린 해양을 어떻게 생각하며 대응해 나아갈 것인지에 대한 근본적인 인식이 우선적으로 정립되어야 한다는 것이다.

'해양성'의 정체성에 관한 인식이 제대로 정립되어야 만이 해양의식과 해양관념의 정돈과 강화가 가능하기 때문이다. 해양의식과 해양관념이 온당하게 세워질 때, 해양자원과 해양환경의 지속 가능한 발전을 담보할 수 있으며, 이 바탕 위에서만 해양경제, 해양하이테크, 국제해양권익 등이 제대로 실현될 수 있는 '신해양 시대'를 열 수 있다는 점에서, 해양성에 대한 인식 대전환이 절실히 요구된다.

지금까지 해양에 대한 인식은 해양을 자연과학의 물리적 대상으로만 여겨 주로 해양학에서만 이루어져 왔다. 신해양 시대를 맞아 이제 해양에 대한 인식이 인간의 해양에 대한 의식과 해양관념을 새로운 차원에서 모색해야 할 단계에 이르렀다. 그래야 인류가 지속 가능한 미래를 담보해 나갈 수 있는 해양에 대한 바람직한 인간의 입장을 정립할 수 있기 때문이다. 그런데 아직까지는 해양을 자연과학의 영역으로만 치부하고 있기 때문에 해양인문학적 관점에서 '해양성'의 본질을 해명하는 작업은 드물었다. 그럼에도 불구하고 해양학과 해양인문학은 따로 또 같이 융합되어 있는 양상을 띠고 있는 해양문화의 영역으로서 인류의 역사 속에 존재해왔다. 즉, 문학이나 문화를 비롯한 인류문명사에 범재해 왔던 '해양성'에 대한 탐구는 인류의 본질에 더욱 다가가는 의미 있는 작업이 될 수밖에 없다. 그런 차원에서 해양성에 대한 인식과 연구가 절실한 것이다.

정화에서 시진핑까지

시진핑(習近平)은 정화(鄭和:1373~1433)의 서양원정과 위원(魏源:1794~1856)의 해방(海防)사상에서 해양성의 요체를 추출해 21세기를 지향하는 국가 아젠다에 적용하고 있다. 2013년 벽두에 발표된 "일대일로(一帶一路)"에서 말하는 "One Belt One Road"의 '원 로드' 즉, 신해양실크로드를 보라. 이는 바야흐로 중국이 육지적 사고에서 해양적 사고로 전이하는 문명사적 대전환을 예고하는 것이다. 아울러, 이것이야말로 "서양의 장기(長技)로 서양을 제압하자"는 위원의 교훈을 오늘에 되살린 것이고, 또한 세계문명 교류의 새로운 역사의 장을 열었던 정화(鄭和)의 복원이다. 따라서 오늘날 시진핑이 주장하는 일대일로가 "문명교류의 띠요, 국방외교의 가이드라인이요, 국제경제적 동반성장의 새로운 동력"이 될 수 있는 까닭이 여기에 있다. 이것이 바로 문명교류, 해방(海防)과 통상, 새로운 국방외교 및 경제교류협력의 복합체인 친혜성용(親惠誠容)이

바다를 등진 해양도시

라는 일대일로의 상징적 아젠더[2]로, 정화와 위원과 시진핑의 얼굴을 오 버랩시킬 수 있는 지점이다.

　퇴락하는 청조(淸朝)의 위원이야말로 해양을 제대로 인식했던 우국지 사였다. 19세기 중엽, 청조는 아편전쟁 패배의 결과로 급격한 쇠락의 길 로 접어들고 있었다. 아편전쟁이 발발하기 전까지만 해도 스스로 "천조 상국(天朝上國)"이라 자칭하면서 천자(天子)의 국가라는 자고자대(自高自 大) 의식 속에 빗장을 걸어 잠근 채 깊은 잠에 빠져 있었다. 뿐만 아니라 중국 밖의 국가들을 "오랑캐의 땅(蠻夷之邦)", "교화를 필요로 하는 백성 (化外之民)"으로 업신여길 뿐, 외국을 포함한 지구촌 세계에 대해 무지를 넘어 맹목적 경멸과 우월적 편견만 가지고 있었다.

　그러던 중국은 아편전쟁의 패배로 커다란 충격에 휩싸였다. 당시까지 만 해도 대다수 중국인은 아직 전쟁으로 초래된 심각한 후과(後果)를 감 지하지 못했을 뿐만 아니라, 또한 서구가 기획한 거대한 자본시장으로 의 포섭이 시작되었다는 사실조차 인식하지 못하고 있었다. 서구 세력이 '바다'를 통해 중국 대륙으로 엄습해 들어오고 있는 거대한 전환점에 선 중국은 황실 조정에서 민간의 백성에 이르기까지, 바다를 건너온 세력 이 마침내 중국에 어떤 결과를 가져다줄지 상상조차 하고 있지 않았다. 이처럼 몽매(蒙昧)한 현실 속에서도 깨어 있던 극소수 사대부들은 "정의 로운 전쟁에서 천조대국이 어떻게 섬 오랑캐(島夷)[3]에게 패배할 수 있을 까?" 또한 전후 "굴욕적인 조약을 체결[4]하여 땅을 할양함으로써 빚을 갚

2　2013년 11월, 중국의 국가주석 시진핑이 중국최고지도층인 7인의 정치국상무위원이 참석한 자리 에서 발표한 주변국 외교의 기본 원칙으로 "중국은 주변국과 友善親近, 誠心誠意, 互惠互利, 包容 合作 한다"는 의미이다. 이는 소프트파워를 강조한 중국식 외교방식이다.

3　아편전쟁을 일으킨 섬나라 영국을 지칭함.

4　난징(南京)조약으로 영국은 홍콩섬을 할양받고, 광저우(廣州), 샤먼(廈門), 푸저우(福州), 닝보(寧 波), 상하이(上海) 등 다섯 개 항구를 강제적으로 개항시켰다.

아야 하는 형태로 국가의 주권을 잃고 치욕을 감내하게 된 원인이 어디에 있는가?"라는 의문에 답을 찾으려 시도했다.

해양수산부의 명운

1995년 여수 앞바다에서 대형 유조선 씨프린스호가 토해놓은 시커먼 기름 때문에 그 일대 바다와 섬이 온통 죽음의 검은 띠에 갇혀 신음하던 장면이 지금도 생생하다. 한국의 해양수산부는 그 이듬해인 1996년에 출범했다. 물론 국가 행정 부처의 생멸에 가장 중요한 정치적 요인이나 변수가 전제되었을 터이지만, 아마도 때마침 발생한 초대형 해양오염 사건을 바라보면서 해양에 관한 통합적 관리의 필요성이 강조된 까닭이었을 것이다. 그로부터 10여 년이 지난 2007년 겨울, 금시대 최대의 해양오염 사건이었던 허베이스피리트호 기름유출 사건이 다시 발생했다. 그러나 역사가 아이러니하다고 했던가. 허베이스피리트호 기름유출 사태와 거의 동시에 해양수산부 폐지 주장이 들썩였다. 대형 유조선의 좌초에 의한 기름유출 사건이라는 동일한 배경을 두고 있지만 결론은 전혀 상반되게 진행되었다. 씨프린스로 탄생했던 해양수산부가 허베이스피리트로 폐지되고 말았다.

패러다임의 전환

세상에 넓은 땅을 가진 나라가 얼마나 많은지, 여행을 해 본 사람이면 다 안다. 해외여행에서 항공기로 돌아오는 귀국 길에 한반도 상공에서

　　　　　　　　바다를 등진 해양도시

내려다보면 강릉에서 인천까지 불과 200㎞도 채 안 되는 우리의 국토가 얼마나 좁은지 너무도 잘 알 수 있다. 그나마 천만다행인 것은 유럽의 한 가운데 위치해 우리나라와 비슷한 넓이이면서도 사면이 다른 나라와 국경선으로 둘러쳐 있는 루마니아나 오스트리아와는 달리 우리는 삼면이 바다로 열려 있다는 점이다. 그 덕분에 우리나라는 국토면적의 세 배에 달하는 바다를 가지고 있으므로 해서 얼마나 다행인지 모른다.

15세기 이래, 제국주의 반열에 올랐던 서구 열강들은 하나같이 바다에서 나라를 일으켰고, 스스로 해양 국가임을 표방해 왔다. 이들 국가는 끊임없이 해양으로 나아가 해양 제패의 꿈을 키워왔던 역사를 지니고 있다. 선박을 이용한 국제무역은 물론 그에 파생하는 금융업, 보험업, 유통업 등을 바탕으로 산업과 경제를 선도해 왔다. 반면, 말 위에서 나라를 일으켜 대지를 지배해 왔던 몽골을 비롯한 중국의 고대 국가들은 한때의 부귀영화를 기억 저편으로 물린 채 하나같이 역사의 뒤안길로 사라져 지금은 나라의 이름조차 찾기 어렵게 되었다.

지난 수만 년 동안 인류에 의해 지배당해 온 육지는 더 이상 삶의 공간, 생명의 공간일 수 없다. 지구 표면적의 약 71%를 차지하고 있는 바다야말로 새로운 공간이요, 자원이요, 산업이요, 생명이다. 한마디로 그 자체가 미래다.

이제 우리는 우리 삶의 공간에 대한 사고를 대전환해 21세기적 새로운 패러다임을 구축해야 한다. 먼 우주공간으로부터 우리 몸속 깊이 자리하고 있는 세포에 이르기까지, 인간의 무궁한 변화와 발전 가능성, 그리고 미지의 흥미진진한 미래에 이르기까지 거시적 관찰과 미시적 해부에 이르기까지 좀 더 섬세하고 정밀하게 관찰해야 할 것이다. 지금까지 인류에게 있어서 세계를 바라보는 두 가지 시선이 존재해 왔다. 고체적·고착적·권위적·일원적·공격적·폐쇄적·파괴적인 대륙적 인식과 액체적·유동적·민주적·다원적·화해적·개방적·생태적인 해양적 인식이 그것이다. 이두 가지 사고유형의 물질관 역시 판이하다. 즉, 고체적 사고를 바탕으로하는 대륙적 사고가 가시적 물형적 재산 즉, 토지나 건물 등에 집착하는반면, 액체적 사고를 바탕으로 하는 해양적 사고는 비가시적 유동적 재산 즉, 하이테크·지식정보 등 지적 재산 창출에 치중하는 것에서도 드러난다.

역사적으로 해양인식의 예는 많다. 신라의 장보고(張保皐), 조선의 안용복(安龍福), 명의 정화(鄭和) 등은 물론이고, 현대 중국의 해외 화교진가경(陳嘉庚)[5]이나 재일 한국인 손정의 등도 꼽을 수 있다. 이들은 하나같이 세계 발전의 한 축을 형성하면서 경제는 물론 사회·문화적 기여도가 남다른 성공인들이라 할 수 있다. 그 반대의 경우도 있다. 전제가수평적·민주적·소통적 관계망 형성에 기초해야 함에도 불구하고, 아무리해양형 인식이라 할지라도 파괴적이고 공격적인 식민지 확대로 향해 갈경우, 결국은 쇠망하고 만다. 19세기 영국이나 20세기 일본이 그런 예라할 수 있고, 현재는 괜찮아 보이는 미국의 경우도 대륙형 인식을 극복하지 못한 채 세계에 대한 연대와 소통이 아니라 징벌과 파괴로 일관할 때언제 그 몰락의 길에 접어들지 알 수 없다. 한때 세계정벌의 꿈을 실현했던 칭기즈칸이 초원에서 일어나 광대한 세계제국을 건설했었지만, 한반도를 거쳐 일본으로 건너가려다 바다에서 신풍(神風)을 만나 하루아침에 몰락한 역사가 있지 않던가.

어차피 우리나라는 대륙을 휘감고 도는 중국 해안선과 태평양 연안을

---

5 陳嘉庚(1874~1961)은 후젠(福建)성 지메이(集美 : 현재의 샤먼(廈门)) 출신으로 어려서 동남아로진출해 벌어들인 막대한 재부로 화교의 최고지도자로 추앙받았다. 항청혁명, 북벌, 항일전쟁 등에 막대한 군사자금을 댔고 나중에 중화인민공화국이 수립되자 고향인 지메이에 전재산을 털어초·중·고·대학 등이 망라된 학원 교육 도시로 재건했다.

둘러싼 일본 열도로 이어지는 동아시아의 해역 공간에 위치하고 있다. 동아시아의 대륙과 태평양 서안의 대양을 경계 지으며 호수 같은 해역 공간을 이루고 있는 이 지역을 '동아시아 지중해'라 명명할 수 있다면, 우리나라는 이 '동아시아 지중해'의 한가운데를 세로로 지르는 축의 중심이 된다. 이러한 지리적 이점을 극대화했던 우리의 선조 장보고가 있지 않던가. 청해진을 중심으로 한 장보고의 해양 경영 활동은 당시 동아시아 체제뿐 아니라 세계 해운사와 무역사에 지대한 영향을 미쳤었다. 이는 장보고 개인의 탁월한 이재능력과 해양의식에 기인한 바 클 뿐 아니라, 당시의 국제적 환경과 동아시아에 퍼져 있던 한민족 그리고 축적된 기술적 자산 등의 종합적 활용은 물론이거니와 궁극적으로는 한반도가 가지고 있는 지리적 이점에 의한 것이기도 했다. 그러한 의미에서 당시 장보고의 해양 경영은 오늘날 우리에게 시사하는 바가 여러 가지로 크다 할 수 있다. 즉, 미지의 세계에 대한 도전, 개방, 벤처 정신을 들 수 있는데, 이는 다름 아닌 민족, 종교, 국가, 지역을 초월하는 21세기가 진정으로 요구하는 해양형 사고의 전형적인 예가 되는 것이다.

대륙형 사고가 지배했던 19세기 서구 열강에 의한 식민지 쟁탈 침략 전쟁의 시기는 종언을 고한 지 오래되었다. 대륙형 사고의 연장이라 할 수 있는 제1, 2차 세계대전을 거치면서 러시아, 중국, 중남미, 아프리카, 아시아 여러 나라가 성공적으로 사회주의 혁명을 완수함으로써 자본주의 진영과 사회주의 진영으로 나뉜 채 동서냉전이 지속되던 혁명의 20세기도 지나갔다. 바야흐로 정보와 지식의 가치가 무한히 중요해진 21세기 신해양 시대가 도래했다. 좀 더 긴 시각으로 인류의 역사를 바라보면, 근대 이후 서구의 문명사가 지중해에서 발원해 대서양을 거쳐 태평양으로 팽창해 간 '바다의 역사'에 다름 아님을 알 수 있다. 기존의 국가, 국민, 영토(영해나 영공을 포함한)를 고수하는 지정학(地政學)·지경학(地經學)

적 지역 개념을 뛰어넘어 지문학(地文學)의 시대로 가고 있다. 즉, 그 국민이 존재하면서 삶을 누리고 있는 곳이라면 국가와 국경을 뛰어넘어 어느 장소라도 가능할뿐더러 이들 지역을 점으로 연결하면 이것이 곧 국가라는 국경개념의 거대한 변화를 전제한다. 따라서 국가의 전략적 패러다임 역시 해양으로 옮아가야 마땅할 것이다. 이것이 바로 신해양 시대의 의미이다. 즉, 바다를 통한 세계와의 소통 및 네트워크의 구축, 바다를 통한 물질자원의 확보와 물류를 통한 연계 나아가 이를 넘어 문화를 통한 소통과 교류 즉, 문류(文流)를 사고하고 실천하는 새로운 해양의식이 필요한 시대라는 의미이다.

해양인식의 분기, 해양법

주지하다시피, 해양의 시대는 1994년 UN에서 〈UN 해양법〉을 발효함으로써 발동이 걸렸고 그 후 1998년 「세계 해양의 해」가 선포되면서 본격적인 명제가 되었다. 물론 당시에는 이미 세계의 각 해양 강국들이 사전 준비를 거의 마친 상태였다. 일본의 〈장기해양개발기본구상〉(1990), 미국의 〈21세기를 향한 해양개발전략〉(1991), 캐나다의 〈국가해양관리전략 및 해양관리법〉(1995) 등이 잇달아 발효되었다. 사실 〈UN 해양법〉의 발효는 연안국의 해양 관할권이 12해리에서 200해리 배타적 경제수역(EZZ)으로 확대됨을 의미하는 것이다. 즉, 무궁광대한 해양에 대한 자유 이용의 시대가 종말을 고하고, 대신 연안국의 배타적 경제수역이나 대륙붕 등에 관한 이용권이 강화되는 것이다. 2008년 현재 152개 연안국 중 125개국이 배타적 경제수역을 선포했고, 향후 만약 152개 연안국 모두가 배타적 경제수역을 선포한다면 해양의 36%, 주요 어장의

90%, 석유매장량의 90%가 연안국에 귀속됨으로써 마지막 개척대상인 해양에 대한 관할권 확보를 위한 치열한 경쟁이 불을 보듯 뻔한 상황이 될 것이다.

이제 해양은 세계 각 민족과 모든 인류의 생존과 경쟁의 각축장으로 변모해 가고 있다. 바야흐로 인류의 시선과 관심은 "대륙"에서 "해양"으로 전이되어 가고 있다. UN의 〈해양법〉은 한마디로 "바다는 제2의 국토"라는 인식의 전제하에 해양 관할권 확보를 위한 전쟁체제를 구축했다. 소유권이 없었던 공해상의 부존자원은 선점 개발한 국가가 우선적 혜택을 누릴 지위를 갖는다는 점에서 대단히 약탈적인 성격을 갖긴 하지만, 한편 이를 통해 각국이 해양공간, 해양주권, 해양관리에 대한 경각심을 갖도록 했다. 바다는 무엇보다도 먼저 식량과 자원의 보고이다. 육지 자원의 고갈과 한계로 해양자원 개발, 특히 극지 연구와 첨단 해양바이오산업을 둘러싼 무한경쟁이 시작되었다. 세계 각국의 심해자원 개발, 해양에너지 개발을 둘러싼 경쟁상황은 전쟁을 방불케 한다. 프랑스의 경우는 첨단 해저자원 탐사와 기술개발을 통해 자국 소유의 유전이 없는 상황에서도 안정적인 원유를 확보하고 있는 예를 통해 해양개발이 얼마나 중요한지 알 수 있다. 바다는 해상운송의 중요한 통로로 국제 운송 비중의 80%를 차지하고 있다. 세계 물류의 중심으로 부상한 '바닷길'을 토대로 하는 항만·물류 산업은 황금알을 낳는 거위처럼 고부가가치를 창출하고 있어 국가 간 치열한 전쟁에 놓여있다. 불행하게도 2016년 8월 국내 1위이자 세계 7위의 해운선사인 한진해운이 법정관리에 들어갔다. 일차적으로 방만한 경영에 도덕불감증의 기업주가 문제이지만, 그로 인한 파급효과가 수조 원에 달하고 회복불가능이라는 점을 간과한 정부의 무지도 책임을 면키 어렵다. 이런 것이 다 해양성에 대한 무지와 무관심에서 기인한 것이 아닐까?

해양을 통한 무한경쟁

세계는 이미 경쟁적으로 해양의 시대를 준비하고 있다. 멀리 볼 필요도 없이 우리 이웃나라들을 둘러보자.

지난 1993년, 해양 쟁패 의도를 노골적으로 드러내는 하나의 대역사가 공개되면서 세상을 놀라게 했다. 무모하게도 보이고 어리석게도 여겨진 '오키노도리시마(沖ノ鳥島)' 건설 사건이 그것이었다. 일본 정부는 도쿄에서 남쪽으로 1,740km 떨어진 오키노도리라는 작은 암초에 300억 엔을 들인 해상공사를 통해 지름 50m, 높이 3m의 원형 인공섬으로 재탄생시킨 후 '오키노도리시마'로 명명하고는 자국의 최남단 영토라고 주장했다. 이는 곧 배타적 경제수역(EEZ)이라는 국제해양법 신질서에 대처하기 위한 치열한 노력으로, 그 후 일본은 자국 영토보다도 넓은 40만㎢의 배타적 경제수역을 차지할 수 있었고, 더 나아가 태평양 복판의 미나미도리(南鳥)섬을 중심으로 EEZ를 선포할 수 있게 되었다.

주지하다시피, 해양 대국인 일본에는 수많은 해양학자들이 해양에 관한 이론적 틀을 제공해 주고 있다. 그중에서도 특히 《문명의 바다로》, 《해양부국론》 등을 발표한 가와가쓰 헤이타(勝川平大)는 일본을 대표하는 지식인 중의 한 명으로 해양개발을 통한 국가 발전과 번영을 주장해 우경화된 해양의식 고취의 새바람을 일으키고 있다. 지금까지 오랫동안 일본은 해양정책과 해양 연구개발을 추동해 왔다. 2001년부터 일본재단(日本財團 : The Nippon Foundation)이 주관해 〈종합적 해양 관리에 관한 조사 연구(總合的海洋管理に關する調査研究)〉 프로젝트를 추진한 이래, 2002년 5월, 〈21세기에 있어서 일본 해양 정책에 관한 앙케이트 조사보고서(21世紀におけるわが國の海洋政策に關するアンケート調査報告書)〉, 〈해양과 일본—21세기에 있어서 일본 해양 정책에 관한 제언

바다를 등진 해양도시

(海洋と日本―２１世紀におけるわが國の海洋政策に關する提言)〉 등의 기획 연구를 통해 한국, 일본, 미국, 캐나다, 프랑스, 영국, 남아프리카 공화국 등의 해양 정책에 관한 정밀 조사를 수행했다. 아울러, 〈해양성 레크레이션 이용에 의한 커뮤니티 활동 등의 진흥(海洋性レクリエ-ション利用によるコミュニティ活動等の振興)〉, 〈해양·선박의 실정조사 및 연구(海洋⊠船舶の實情調査及び研究)〉 프로젝트도 동시 추진해 2003년 결과가 보고됐다. 일본의 이 같은 일련의 움직임은 다름 아닌 21세기 일본의 생산적 해양 정책을 기획함으로써 향후 해양을 둘러싼 전 세계 주도권 '전쟁'에서 자국의 지위를 선점하고자 하는 것이 목적이다. 2005년 요미우리 신문이 "05년 국가 전략을 생각한다"라는 24회 기획물을 통해 대한민국의 해양정책과 해양조직을 상세하게 소개하는 등, 한국의 해양수산부와 유사한 조직 건설을 위한 기초 자료를 조사해 사회적으로 공론화한 바 있고, 마침내 2007년 들어 일본은 〈해양기본법〉을 발효하면서 장관급 「종합해양정책본부」를 출범시키기에 이르렀다.

18,000㎞라는 해안선을 지닌 지리적 조건이 말해주듯, 중국 역시 오래전부터 "땅 중심 사고"를 벗고 "바다 중심 사고"로 이행을 서두르고 있다. 1989년 사회비판적인 TV 다큐멘터리가 상해TV의 전파를 타면서 중국 전역의 지식인 사회를 강타한 사건이 있었다. 상해TV의 왕루샹(王魯相) PD 등이 제작한 다큐멘터리 《하상(河殤)》(6부작)이 그것이었다. 전통적으로 용(龍)과 황토(黃河)는 중국인이라면 누구나 자부하는 중국 전통문화의 상징이었다. 하지만, 이 5천 년 역사를 관통하는 용과 황토로 대표되는 "땅의 문명"이야말로 바로 현대 중국을 낙후와 정체의 늪으로 빠트린 결정적 원인이라 비판하고 나선 것이다. 곧, "Blueless(青色 없음)"에서 "Blueness(青色)"로의 전환이야말로 중국을 도약시킬 수 있는 유일한 대안이자 희망이라 주장하면서, "해양"을 가로질러 과학과 민

주주의에 대한 희망을 수송하는 "청색 해양문명"을 강조했다. 이러한 주장은 황토야말로 중국인의 고향이자 영원한 미래라고 여겨왔던 중국인들 모두에게 실로 거대한 충격이 아닐 수 없었다. 당시, 이 다큐멘터리가 방송을 탐과 동시에 이들은 수배를 피해 도피 생활을 해야 하는 처지로 전락하고 말았다. 그러나 그런 사건이 있고 난 이후 상황은 급변했다. 땅의 사고를 벗어 던진 중국은 이제 서서히 눈을 돌려 해양 정책을 공고화하는 동시에 해양연구개발에 박차를 가하고 나섰고, 아울러 "21시대 해양 강국 건설 슬로건" 아래 다양한 해양 프로젝트를 기획 추진해 왔다. 1996년에 입안된 중국 국가 중점 프로젝트 「중국 해양 21세기 의정서(中國海洋21世紀議程)」, 「중국 해양 21세기 의정서 행동계획(中國海洋21世紀議程行動計劃)」, 1998년에 발간된 중국 정부 백서 「중국 해양 사업의 발전(中國海洋事業的發展)」 등 연구 결과물이 발표되어 해양 강국으로의 지향에 학문적 토대를 확보했다. 아울러, 21세기 해양 강국 프로젝트의 실현을 위해 중국 중앙정부 산하의 「국가해양국해양발전전략연구소(國家海洋局海洋發展戰略研究所 : China Institute for Marine Affairs(CIMA)」(http://www.cima.gov.cn/index.html)를 거점으로 해양법, 해양경제, 해양과학기술, 해양정책, 해양관리, 해양환경, 해양자원 등 바다에 관련된 모든 국가사업을 고강도로 추진해 오고 있다.

지난 2005년에는 명대 정화(鄭和) 함대의 출항 600주년을 기념해 정화 함대의 항해를 재현하면서 대대적인 해양 강국 부활 프로젝트를 추동했다. 지금 바야흐로 중국은 600년 전 콜럼버스보다 먼저 아메리카대륙을 발견했다고 알려진 "정화" 함대의 정신을 오늘에 부활시킴으로써, 전 세계를 향해 신 해양 강국의 이미지를 널리 알리고 있다. 이 하나의 이벤트는 역사적으로 대륙 지향적 사고를 견지해 온 중국이 정화를 통해 해양 강국으로의 이미지 쇄신을 성공적으로 수행했음을 만방에 고한

바다를 등진 해양도시

일대 사건임과 동시에, 바다를 둘러싼 세계적 경쟁에 적극 가담하겠다는 엄숙하면서도 강력한 선언에 다름 아니었다.

뿐만 아니라, 2006년에는 중국중앙방송(CCTV)에서 12부작 다큐멘터리 《대국굴기(大國崛起)》를 제작 방영한 바 있다. 해양을 통해 국가의 부를 창출한 유럽 해양 대국의 예를 정밀 분석한 결과, 오늘날 강대국들이 강대국이 될 수 있었던 이유를 합리적이고 진취적인 해양 경영에서의 성공에서 찾고 있다. 16세기 전후, 지리상의 대발견을 통해 서로 내왕이 없던 국가 간의 교류와 경쟁의 시대가 시작되면서, 인류사의 새로운 장을 열게 되었다. 네덜란드, 포르투갈, 스페인, 영국, 프랑스, 독일, 일본, 러시아 및 미국 등 강대국들은 모두 해양에서 국가의 부를 창출했고, 이를 통해 보험, 금융 및 기타 산업을 발달시킴으로써 강대국의 반열에 오를 수 있었다는 결론이다. 이러한 결론을 통해 중국이 진정한 강대국의 반열에 들기 위해서는 다름 아닌 해양을 이해하고 해양을 경영할 때 가능성과 기회가 온다는 진지하고도 절절한 자기반성과 아울러 해양을 향한 명확한 목표를 밝히고 있다. 이러한 해양 기획의 체계적이고 조직적인 추동을 위해 중국은 2004년에 이미 '전국해양경제발전계획'을 수립한 이래, 2007년에는 전국정치협상회의에서 〈해양기본법〉 제정 및 해양통합기구 신설을 추진 중에 있다. 바야흐로 해양강국의 이미지를 확고히 해가고 있다.

2013년 시진핑의 출현과 동시에 '일대일로' 아젠다가 제안되었다. 이 '일대일로' 구상의 추형(雛形)은 시진핑이 중앙아시아와 동남아 국가를 방문 중이던 2013년 9월 10일, 이미 '실크로드 경제벨트 및 21세기 해상 실크로드 구축'이라는 제안 형태로 제시된 바 있었고, 그 후 중국-아세안 박람회에 참가한 리커창 총리 역시 ASEAN을 지향하는 해상 실크로드 구축의 필요성을 강조하는 등 '일대일로' 건설에 대한 의미 부여와 강조를 통해 국제사회의 관심과 주목을 이끌어 낸 바 있었다. 즉, '일대일로'는 "주변 국가 경제번영과 지역경제협력을 유리하게 하고, 서로 다른 문명 교류를 강화해 세계 평화를 이끌고 세계 각국 인민을 행복하게 하는 위대한 사업"이고, 따라서 인류 사회 공동의 이익을 충족하기 위해서는 협의 노력해 '일대일로' 연장선에 있는 모든 국가와 지역이 공동 발전하고자 하는 전략이라는 점을 강조한다.

2015년『정부공작보고』[6]에서 시진핑은 "개인과 기업은 과감히 옛 것을 버리고 새 것을 창조하는 새로운 문화를 배양하라"고 주문하면서, 한층 더 고도화된 대외적 개방을 전면적으로 실현할 것을 강조했다. 그 연장선상에 바로 '실크로드 경제벨트 및 21세기 해상 실크로드 협력 건설'이라는 거대한 아젠다가 놓여있는 것이다. 수천 년 동안 계승되어 온 실크로드 정신을 "평화협력(和平合作), 개방포용(開放包容), 상호학습(互學互鑒), 상호이익(互利共贏)"으로 개괄하면서, 이것이야말로 실크로드 주변 국가들의 번영과 발전에 많은 기여를 한 결과 인류문명 발전을 촉진했다고 여긴다. 그리고 이것이 바로 동서양 소통과 협력의 상징인 만큼 실크로드 정신은 전 세계가 공유하는 역사적·문화적 유산이라 주장한다. 이른바 윈윈(win-win) 협력으로 평화로운 공동 번영을 추구함으로써 21세기에 보다 주효한 철학사상이라는 점을 강조하면서, 복잡다단한 국제적·지역적 문제의 솔루션으로 제기된 것이 바로 실크로드 정신이라고 한다. 이것이 어느 정도 효과를 발휘할 수 있을지 미지수이긴 하지만 이 시대를 관통하는 하나의 새로운 사상이 될 수 있는 가능성이 전혀 없는 것은 아니라 여겨진다.

이웃 국가들의 이러한 발 빠른 변화와 모색에 비해, 우리나라의 경우

---

6 『2015政府工作報告』.

바다를 등진 해양도시

는 아직도 시대와 세계정세 변화에 둔감한 것으로 여겨진다. 전통적으로 대륙 지향적 사고의 영향 아래서 살아 온 우리는 조선시대 이래의 공도(空島)정책, 해금(海禁)정책 및 6·25전쟁 이후 안보 차원의 해안 통제 등으로 인해 여전히 해양에 대한 부정적 인식이 팽배해 있다. 해양의 의의와 중요성이 전에 없이 강조되는 현재의 상황에서도 여전히 해양인식은 미흡한 수준에 머물고 있는 것이 사실이다. 그렇다고 해서 우리나라의 해양에 대한 연구개발이 그렇게 낙후한 수준에 머물고 있지는 않다. '하와이 남단에서의 망간괴 확보', '극지연구', '해양지질 조사', '독도수호를 위한 자료 확보 노력' 등 크고 작은 성과가 없는 것은 아니다. 하지만, 1996년 해양수산부 신설 이후, 굳이 비교해 보자면 이웃나라 일본이나 중국에 비해 긴장도나 긴박성이 따라가지 못한 것 아니냐는 우려가 없지 않고, MB정부 출범과 동시에 해양수산부를 폐지(2008년 2월 29일)해 국토건설부로 구겨 넣는 졸렬성을 노정했고, 박근혜 정부가 출범하면서 부활(2013년 3월 23일)하긴 했다. 그러나 가뜩이나 약화된 해양수산부가 부활을 맞았지만, 인력이나 예산 면에서 "털 뽑힌 수탉 몰골"을 면키 어려웠다. 해양이야말로 절대로 정치적 홍정물이거나 정권적 차원에서 쉽사리 죽였다 살렸다 할 것이 아니다. 철학적 비전과 확신을 가지고 참으로 장기적으로 기획해 나가야 할 인류 미래의 총체적 가치로 인식되고 이해되어야 할 것이다. 21세기, 우리는 해양과 관련해 더욱 집중적이고 치밀한 국가적 프로젝트를 추동해 나감이 마땅하다고 여겨진다.

대륙성에서 해양성으로

이제 우리 사회 전 부면에 걸쳐 사고의 대전환이 요구된다. 기업의 경우 전통적인 경영 형태만으로는 급변하는 세계시장이나 전지구적 경제 환경에 적응해 갈 수 없다. 혁신과 변화, 신성장동력이나 새로운 아이템 발굴 등 사고의 대전환 없이는 불가능하다. 우선, 혁신을 위한 새로운 사고의 대전환을 말해야 한다. 즉, 고체형 사고에서 액체형 사고로 또는 대륙형 사고에서 해양형 사고로의 전환이다. 이미 이런 사고유형의 특질에 대한 또 다른 연구성과는 다음과 같이 유형적 특질을 설명하고 있다. 즉, 해양형 사고의 유형적 특징으로 모험성, 유동성, 자유, 경쟁, 낭만, 자극, 사유, 희생, 청년존중 등을 들 수 있다. 반면 대륙형 사고의 유형적 특징으로는 부드러움, 중용(中庸), 온순, 검소, 신중, 본분, 금욕, 절도, 안일, 평화, 노인존중 등을 들 수 있다. 이렇듯 해양형 사고와 대륙형 사고의 양태는 사뭇 다르다. 이를 기업경영에 적용해 본다면 어떨까? 변화에 대한 두려움이나 전통 방식 고수 등의 형태 그리고 토지에 착근한 토목 건설 아이템에 치중하는 기업형태 등은 주로 대륙형이라 할 수 있을 것이다. 이와는 달리 만약 변화와 혁신으로 새로운 잡종(Hybrid)을 실험하거나 새로운 아이템에 대한 도전을 두려워하지 않고 새로운 영역이나 해외로 진출하는 벤처형 기업경영 형태 등은 해양형이라 할 수 있을 것이다. 세계사적 인식 지평을 대전환함으로써 새로운 생명과 희망을 빚어내야 한다. 그러나 21세기 기업경영은 더 거센 파도와 모험을 뛰어넘어야 할 것이다. 전통적 유가(儒家) 덕목에 기초한 유상(儒商) 전통을 전제로 하면서도 다른 한편, 기존의 틀을 뛰어넘는 획기적인 대변혁을 위한 시도가 필요하다. 이는 유상 전통[7] 중 중요한 한 부분으로서, 특히 일이백 년 전 중국의 동남 연해 지역에 기반을 둔 홍콩이나 광동(廣東) 유상들의 성공이 해양형으로의 사고 전환에 기인했음을 참고할 필요가 있

7　유상전통은 동아시아적 정서가 기업의 경영원리 속에 계승되어온 결과로 성공한 기업의 경영원칙이나 철학이라 할 수 있다.

　　　　　　　　　　　　　　　　　바다를 등진 해양도시

다. 이들은 대륙지향형 기업발전을 벗어나 과감하게 개방성과 모험성을 결합해 "나가자(走出去)!" 주의를 실천해 해양으로 나갔고, 이는 무한경쟁 시대의 무한도전 성공기의 토대가 되었다. 어쨌건 중국의 유상은 농업을 귀히 여기고 상업을 천하게 여기는 "귀농천상(貴農賤商)"에서, 상업 없이는 재부가 생겨날 수 없다는 "무상불부(無商不富)"를 실현해 토지(土地)에의 착근을 떨쳐내고 해양으로 진출해 상업성과 영리성을 성취했다. 이것이 곧 해양형 가치지향의 결과였다. 해양형 기업경영 형태에서는 천하고, 부당하고, 이익에 매몰된 자본의 노예 등과 같은 부정적 이미지가 더 이상 존재하지 않는다.

해양한국과 해양력

오늘날, 바다를 매개로 서술되는 세계사의 기본 문법이 급격히 변화하고 있다. "21세기는 해양의 시대"라는 슬로건은 "바다를 다스리는 자가 세계를 지배한다"는 오랜 명제와도 같이 에게해에서 발원해 지중해와 대서양, 인도양을 거쳐 태평양으로 세력을 확장해 온 서양의 역사가 사실임을 증명해 주고 있다. 주지하다시피, 바이킹에서 한자동맹(Hanseatic League)을 거쳐, 활발한 해상활동으로 대항해시대를 연 스페인, 포르투갈, 영국, 미국 등 바다에 대한 지배력 확대가 곧 강대국으로 가는 지름길이었다. 그들이 그토록 진지하게 추구해 왔던 '해운, 통상, 해양과학, 해양개발, 해군, 해양정보력, 해양문화 및 해양정책 등 국가 이익을 위해 바다를 이용할 수 있는 총능력' 즉, '해양력'이 바로 국가경쟁력을 가늠하는 기본 조건이다. 미국의 군사 전략가 알프레드 마한은 '해양력'을 구성하는 조건으로 '바다에 집중할 수 있는 지리적 위치', '해양 진출을 자극

하는 자연조건', '친해양성 국토와 이를 활용할 해양인력', '해양활동을 중시하는 국민성과 정부' 등을 꼽았다. 아울러 그는 이들 구성 요소 중 가장 큰 영향력을 미치는 상위의 개념은 바로 '해양의식'이라 지적하고 있다. 그렇듯, 21세기는 '국제 해양환경 변화', '지식정보 사회의 도래', '국제화의 심화', '국내 갈등·대립의 해소' 등 격변하는 시대 상황에 조응해, 보다 과감하고 진취적이며 정보와 지식지향형 해양의식을 창조해 가야 할 것이다.

이제 우리나라 역시 '해양한국'을 추동해 가기 위한 기획을 서둘러야 한다. 역사적·사상적 원인에서 발로한 부정적인 해양인식을 타파하고 초보적인 해양의식을 제고하는 것이 무엇보다 필요하다. 그러나 우리는 서구가 보여주었던 '약탈적 해양경영의 근대'를 넘어서야 할 임무도 지고 있다. 21세기의 해양기획이 서구적 '근대'의 카피이거나 반복이어서는 안 된다. 욕망의 무한정 확대, 약육강식의 논리에 기반한 제국주의적 팽창, 또는 지각없는 환경오염 등 서구적 '근대'의 암울한 그늘을 무비판적으로 답습해서는 안 된다. '해양자원' 개발과 '해양산업' 추진을 위해 자연과학적 인식과 조화를 이루는 미래지향적이고 인문학적인 해양인식이 절실하다. 21세기 바다가 더 이상 약소국을 침략하는 강대국들의 통로가 되어서도, 또한 후발 개도국들의 조급한 개발과 포화된 욕망의 무분별한 해소 마당이 되어서도 안 되기 때문이다. 그러기 위해, 발상을 전환해 "문화의 눈으로 '바다' 바라보기"를 실천할 때 해양을 둘러싼 치열한 무한 경쟁에서도 약탈적 해양경영이 아니라 해양과 인간이 원원할 수 있도록 지속발전가능의 길로 나아갈 수 있을 것이다.

우리가 지금 마음을 고쳐먹고 '해양'으로 눈을 돌릴 때, 한반도야말로 '문명의 충돌'을 넘어 '문명의 회통'을 실현할 수 있는 지점이라 여겨진다. 중국의 농경문화(황색문화)와 서구의 해양문화(청색문화) 그리고 초원의 유목문화(녹색문화)가 회통하는 지점으로서 한반도와 그 인근 해역은 인류 역사의 새로운 희망과 가치가 집결되는 곳이 되리라 믿어마지 않는다.

해양성의 시사점

신해양 시대를 맞아 환동해문명의 부활을 통해 대한민국의 새로운 발전전략을 구축해야 한다. 최남선의 〈해에게서 소년에게〉를 다시 읽으며 한 근대적 지식인이 보여준 "새로운 세계는 바다로부터 온다"는 인식 전환에 다시금 공감해 본다. 우리의 핏속에 흐르는 해양 DNA를 복원하고, 새로운 패러다임을 구축해야 한다. 동아시아 해양경제를 제패했던 신라의 장보고, 일본을 넘어 동남아까지 진출했던 백제의 해양세력, 캄차카에 이르렀던 발해인들, 세계해전사의 영웅 이순신, 그리고 정주영 등. 우리가 망각하고 있는 해양성을 복원해 "해양입국", "해양부국", "더불어 행복"을 이루어 내야 한다. 그리하여, 부산에서 서해로 남포, 단동을 잇고, 동해로 원산, 나선까지 이어 한반도를 휘감는 "U"자형 해양 루트 개발을 통해, 환동해문명의 중심에서 새로운 국가경영으로 통일 원년을 창출하고, 대한민국판 신해양실크로드를 통한 물류 혁명과 북극항로 개발, 나아가 중국의 상하이(上海)와 광조우(廣州)를 잇고 일본의 오사카와 요코하마로 연결해 동북아 해상실크로드 구축 등 새로운 해양의 시대를 준비해야 한다.

해양형 인식으로의 대전환을 통해 다음과 같은 새로운 가능성을 도출할 수 있다. 첫째, 해양사업 발전을 위한 정책결정이라는 측면이다. 해양형 인식은 어떠한 해양문화 모델이 당해 지역, 당해 민족, 당해 국가의 해양 발전전략에 더욱 적합한 지를 찾을 수 있다. 이를 통해, 해양경영에 관한 정책을 제정하는 과정에서 예전에 있었던 성공의 경험을 벤치마킹하고, 과거의 실패했던 혹은 부정적 영향이 지대했던 교훈을 기억함으로써 해양형 인식이 인류문명의 발전에 어떻게 도움을 줄 수 있는 지에 대한 방향을 제시할 수 있다. 둘째, 해양 인문철학과 인문의식의 측면에서 해양형 인식은 사람들로 하여금 정확한 해양의식과 관념을 지닐 수 있도록 한다. 해양의 개발과 이용뿐만 아니라 해양과 친하게 되고 해양을 선하게 대함으로써, 해양이 인류의 지속가능 발전과 동시에 생태환경 상에서도 심미적으로 자유자재한 생존공간이 될 수 있도록 한다. 셋째, 해양 사업 발전의 구체적 운영 측면이다. '해양형' 인식전환을 통해 그 구체적인 응용 분과학문, 즉 예를 들면 해양산업, 해양지역사회, 해양여행, 해양음식, 해양교통, 해양환경, 해양군사 등을 통해 해양문화의 발생발전 법칙과 특색에 적용되는 전략, 형상, 시장, 운영 등 전부면에서 온당한 방향성을 제시할 수 있다.

이런 측면에서 볼 때, 이번 인천대학교의 해양프로젝트는 대단히 의미 있는 시도라 여긴다. 인천의 도시행정이나 발전전략을 "해양" 산업에 머무는 것에 만족할 것이 아니라, 해양형 사고로의 대전환을 통해 새로운 모험과 도전에 나서야 할 때이다. 이렇듯, 해양형 인식으로의 대전환을 통해 해양성을 삶과 밀착해 실천하는 기제로 삼아야 한다. 대륙성에서 해양성으로의 시대정신 대전환이야말로 대한민국의 새로운 역사의 시작일 것이다.

제1장

인천에
해양문화가 필요하다

인천에 해양문화가 필요하다

송승석

인천에
해양문화가 필요하다

우리의 세계는 크게 육지와 해양으로 나뉘어 있다. 육지와 해양은 우리에게 모두 필수적인 영역들이다. 현재 우리는 해양을 완벽하게 통제하고 있으므로 우리는 언제 어디라도 우리가 원하는 곳으로 달려나가 그 지역을 통제할 수 있다. 현재의 해군력이 있는 한 세계의 어느 세력도 — 페르시아의 왕과 태양 아래 어느 민족들도 — 우리의 항해를 막을 수 없다.[1]

해양을 지배하는 세력이 진정으로 세계 질서를 주도한다는 주장은 이제 진실이 되었다. 역사가 증명한다. 근대 이후 유럽에서 시작된 해양 패권 경쟁이 곧 세계 패권과 직결되었음은 가장 가까운 역사에서 찾아볼 수 있는 대표적인 사례이다. 이는 21세기 현재에도 여전히 유효한 사실로써 작동하고 있다. 2018년부터 본격적으로 가시화된 미국과 중국 간

---

1 Thucydides, The Peloponnesian War, Trans by Rex Warner(Haranomols: Penguin Books, 1954), p.253. 차도희 저, 『동아시아 미·중 해양패권 쟁탈전』, 북코리아, 2012. 33쪽. 재인용.

의 무역전쟁은 크게 보면, 21세기판 해양 패권 경쟁이다. 개혁개방 이후, 급속한 경제성장을 무기로 냉전 시기 미국이 구축했던 대중국 해양 봉쇄망을 여하히 돌파하는지는 중국의 핵심적인 대외전략이다. 반면, 기존의 해양 봉쇄망을 더욱 강고히 구축함으로써 중국의 부상을 어떻게든 억제하고자 하는 것이 미국의 세계전략이다. 따라서 작금에 전개되고 있는 미·중 간 첨예한 무역 충돌은 해양을 둘러싼 세계 패권 경쟁의 극히 일부분이라 할 수 있다.

■ 미·중의 아시아 주도권 경쟁

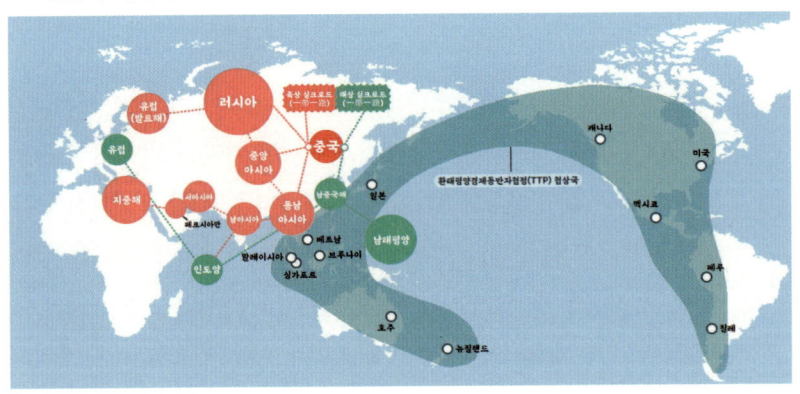

문제는 우리가 속한 동아시아 지역이 이러한 해양 패권 경쟁의 최전선에 놓여있다는 점이다. 우리가 지금의 세계 패권 경쟁에서 결코 자유로울 수 없는 이유가 여기에 있다.

2010년을 기점으로 일본을 제치고 이른바 G2 국가로 부상한 중국은 곧바로 '해양'으로 눈을 돌리기 시작했다. 2012년 중국공산당 제18차 전국대표대회에서 후진타오(胡錦濤) 주석은 '해양강국' 건설을 새로운 국가전략목표로 설정했다. 2013년 7월 시진핑(習近平) 주석 역시 '해양강국' 건설이 경제의 지속 가능한 발전을 추동하고, 국가의 주권·안보·이익을

바다를 등진 해양도시

보호하며, 전면적인 소강(小康)사회 건설이란 사회목표 달성, 나아가 중화민족의 위대한 부흥을 실현하는데 중대한 의의가 있음을 강조했다.[2]

또한 시진핑은 얼마 후, 자신의 '중국몽(中國夢)'을 실현하기 위한 국가전략으로 소위 '일대일로(一帶一路, One belt & One road)'를 제시하게 되는데, 여기서 '일로(一路)'는 바로 '21세기 해상실크로드'를 의미했다. 중국은 이 새로운 '바닷길'을 ① 중국-인도양-아프리카-지중해로 이어지는 노선, ② 중국-오세아니아-남태평양으로 이어지는 노선, ③ 중국-북극해-유럽으로 이어지는 노선 등 총 3개의 방향으로 설계했다. 물론 중국이 희망하는 이러한 바닷길의 개척은 미국의 봉쇄망을 뚫지 않으면 불가능하다는 점에서 미국을 위시한 주변국들과의 갈등과 마찰은 이미 예고된 일이었다.

■ 21세기 해상실크로드 중점 방향

■ 북극항로

출처: 『연합뉴스』, 2015.2.7.

그런데 중국의 이러한 해양강국 전략은 우리의 국가발전전략과도 상당히 밀접한 관계가 있음에 주목할 필요가 있다. 2017년 8월, 문재인 정

---

2 2013년 7월 중공중앙정치국 제8차 집체학습에서 행한 시진핑의 연설.

부는 이른바 '한반도 신경제지도 구상'을 발표하면서 한반도 미래의 청사진을 제시했다. 그 핵심은 환동해, 환황해 그리고 접경지역 개발을 통한 한반도 균형발전과 북방경제와의 연계 강화로 성장 잠재력 확충을 도모하기 위한 3대 경제 및 평화 벨트 구상이다. 그런데 여기서 '환황해 경제벨트'와 '접경지역 평화벨트'는 오늘 우리가 주목하고자 하는 인천 지역과 불가분의 연관성을 지니고 있다.

문재인 정부의 설명에 따르면, '환황해 경제벨트'는 수도권(서울-인천-해주-개성), 개성공단, 평양, 남포, 신의주를 하나로 연결하는 서해안 산업·물류·교통 벨트를 만들자는 것인데, 여기서 특히 눈에 띄는 대목은 인천-개성-해주를 잇는 서해 복합물류 네트워크에 더해 중국의 도시들을 연결하는 환서해 물류망을 구축하자는 구상이다. '접경지역 평화벨트' 역시 한강 하구부터 DMZ를 가로지르는 접경지역을 생태·환경·평

■ 한반도 신경제지도 구상

출처 : 국정기획자문위원회

바다를 등진 해양도시

화·관광 벨트로 만들자는 구상으로, 인천은 이 권역에도 어김없이 포함되어 있다. 이렇게 보면, 인천은 바로 '환황해 경제벨트'와 '접경지역 평화벨트'가 교차하는 지역이자 핵심 거점지역이라고 할 수 있다. 물론 '접경지역 평화벨트'에 대해, 문재인 정부는 낙후된 경기 북부지역과 강원도 접경지역의 발전을 강조하고 있지만, 만일 바다로 조금만 눈을 돌리면 평화벨트로서의 인천의 중요성은 더욱 강조되지 않을 수 없다.

■ 서해평화협력특별지대 구상

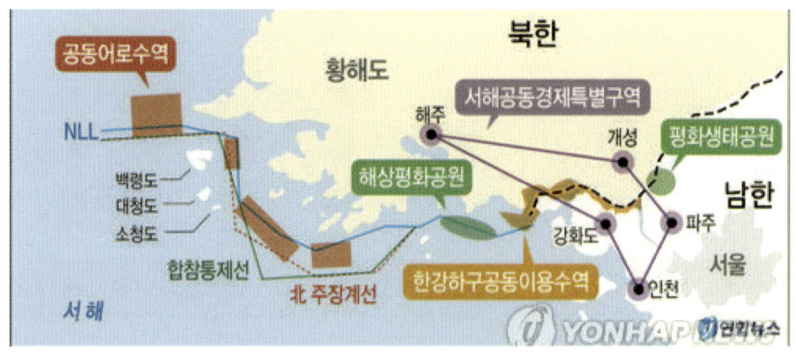

출처: 『연합뉴스』, 2018.4.27.

한편, 2017년 11월 문재인 대통령은 향후 아세안(ASEAN) 국가들과의 협력 수준을 미국, 중국, 일본, 러시아 등 주변 4대 강국 수준으로 끌어올리겠다는 이른바 '신남방 정책'을 발표했다. 흥미로운 점은 '신남방 정책'의 대상 국가에는 아세안 10개국과 함께 인도가 포함되어 있고, 이 노선은 바로 중국이 추진하고 있는 '21세기 해상실크로드'의 핵심 노선과 정확히 일치한다는 사실이다. 최근 방한한 왕이(王毅) 중국외교부장 역시 중국의 '일대일로'와 한국의 '신남방 정책'이 유사하다는 점을 언급하며 한중 양국의 협력을 강조하기도 했다. 그러나 '신남방 정책' 구상이 제안된 배경에는 중국 중심의 교역에서 벗어나 시장을 다변화함으로써 한반도 경제영역을 확장하려는 의도가 내재해 있다는 점에서, 향후 한국과 중국은 오히려 이 지역에서 협력보다는 경쟁과 갈등을 빚을 소지가 더 많아 보인다.

■ 신남방 정책

■ 해양패권 핵심 경쟁지역

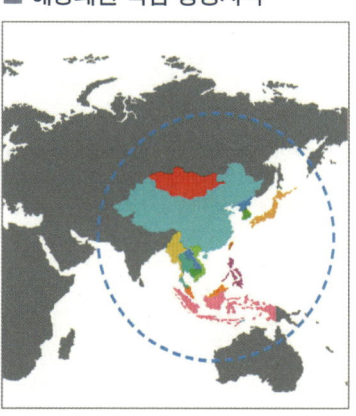

출처 : 정책위키

이처럼 한반도를 포함한 동아시아 지역은 21세기 새로운 세계 패권 경쟁의 핵심지역으로 부상하고 있고, 따라서 이 지역에서의 해양 경쟁력 강화는 어느 나라를 막론하고 가장 중요한 과제가 될 것이다.

그런데 필자는 이러한 대내외적 환경 변화 속에서 해양도시로서의 인천의 역할이 무엇보다 중요하다는 점을 특별히 강조하고 싶다. 앞서 살펴본 바와 같이 21세기 세계 패권 경쟁에 뛰어든 중국에 대한 대응, 남북 평화와 상생 번영, 아세안 및 인도와의 교류와 협력 등을 종합적으로 고려할 때, 인천은 과거 그 어느 때보다도 중요하고도 핵심적인 역할을 새롭게 부여받지 않을 수 없게 되었다. 이것이 바로 '해양도시' 인천에 주어진 숙명이자 숙제라고 생각한다.

그렇다면, '해양강국'이란 과연 무엇일까? 우리는 왜 해양강국을 건설

바다를 등진 해양도시

해야 하고, 어떤 해양강국을 건설해야 할까? 또 어떻게 해야 해양강국을 건설할 수 있으며, 해양강국으로서 우리의 역할은 무엇일까? 만일 우리가 추구하는 궁극적인 목적이 과거 서구 제국주의 국가들처럼 해양강국 건설을 통해 세계 패권을 장악하려는 것이 아니라고 한다면, 우리는 반드시 이상의 질문에 분명한 답을 내놓아야 할 것이다. 이와 관련해 '해양강국'을 둘러싼 중국에서의 논의는 우리에게도 많은 시사점을 던져준다. 필자의 조사에 따르면, '해양강국'에 대한 시각과 입장에 대해 중국 정부와 학계의 견해가 모두 일치하는 것은 아니지만 대체로 다음과 같은 몇 가지 점에서 공통점을 발견할 수 있다.

첫째, 근대 이래 세계사에서 주도적 역할을 해왔던 국가는 대체로 서구의 경쟁적·침략적·패권적인 '해양강국'이었다. 둘째, 해양강국은 천편일률적으로 같은 모델이 아니다. 영국식·미국식·일본식의 침략적·확장적 해양강국 역시 하나의 모델일 뿐이며, 이러한 모델은 지속될 수 없다. 셋째, 따라서 중국이 이들과 다른 독자적인 해양강국을 건설하려면 반드시 중국만의 해양담론이 있어야 한다. 넷째, 중국이 지향하는 해양강국은 세계 해양의 화해와 평화를 위한 시범적·선도적 강국이어야 한다. 다섯째, 해양강국은 단지 해양의 경제·군사적 강국만이 아니라 전면적이고 종합적인 '해양문화' 강국이어야 한다.[3]

필자가 여기서 강조하고 싶은 것은, '해양강국'으로 가기 위한 '해양문화'의 중요성에 관한 대목이다. 그동안 우리나라의 해양 관련 정책은 2013년 신설된 해양수산부가 주도하고 있다. 다만, 해양수산부의 관심은 주로 해양산업, 즉 경제 분야에 집중되어 있고, '해양문화'에 대해서는 별다른 관심을 두지 않았다.[4]

---

3 권기영, 「21세기 중국의 해양문화정책 설계와 추진 방향」, 『중국문화연구』 제47집, 2020. 3쪽.
4 해양산업(ocean industry)이란 해양을 이용, 개발 또는 보전, 보호하는 모든 산업부문과 생산적

문화체육관광부 역시 '해양문화'를 별도로 중시하고 있지는 않다. 그러나 '해양문화'는 '해양강국'으로 나아가기 위한 기초이자 토대이며, '해양강국'의 궁극적인 목표라는 점을 새롭게 인식할 필요가 있다. 이런 관점에서 '범국민적 해양의식을 제고하고 육지 중심의 사고에서 해양 중심의 사고로의 전환을 꾀하고자' 2017년 7월 출범한 「국회해양문화포럼」은 남다른 의미가 있다고 하겠다.[5]

2019년 9월 「국회해양문화포럼」은 정책 세미나를 개최하여 '해양교육문화법'의 통과가 해양강국 실현의 지름길임을 재차 확인하고, 마침내 2020년 2월 18일 〈해양교육 및 해양문화의 활성화에 관한 법률(해양교육문화법)〉을 통과시켰다. 2021년 2월 19일부터 시행된 이 법은 '해양에 대한 국민의 인식개선 및 인재 양성에 기여하고 해양문화를 창달하여 국가의 해양 역량 강화와 사회발전 및 국민의 삶의 질 향상에 이바지함'을 목적으로 국가 및 지방자치단체는 해양교육 및 해양문화의 활성화를 위한 정책을 수립할 것, 해양수산부 차관을 위원장으로 하는 '해양교육문화심의위원회' 설치, 해양교육 및 해양문화 활성화 기본계획 수립, 해양교육센터의 설치, 지역해양교육협의

활동의 총칭으로 1차 산업인 수산업, 2차 산업인 수산물가공업, 조선 등 제조업, 3차 산업인 물류, 해운, 여객 등을 포함한다. 해양산업의 범위는 국가별로 다른데 미국의 경우는 총 6개 부문에 23개 산업을, 영국의 경우에는 20개 부문을, 중국의 경우에는 8개 분야를 지정하고 있다.

5 국회해양문화포럼은 김한정 의원(더불어민주당 남양주을)을 대표로, 오영훈 의원(더불어민주당 제주시을)을 간사로, 그리고 민간집행위원장으로는 주강현 교수가 맡았다.

바다를 등진 해양도시

회 구성, 해양문화의 확산 및 연구 활동 지원과 해양문화의 국내외 교류 협력 등을 명시하고 있다.

그럼에도 불구하고 해양수산부가 주도하는 〈해양교육문화법〉이 그 목적을 제대로 구현할 수 있을지에 관해서는 우려가 앞서는 것도 사실이다. 필자가 보기에 아래 그림에서 보이는 바와 같이 해양수산부는 그동안 '해양문화'에 관심을 기울이지 않았고, 이에 관한 전문성도 갖추지 못한 것으로 보인다. 그렇다고 문화체육관광부가 '해양문화'를 문화정책의 중요한 범주로 간주하는 것도 아니다. 따라서 '해양문화'는 해양수산부가 주도하면서 오히려 정책의 사각지대에 놓일 수도 있다.

■ 해양수산부 조직도(2020년)

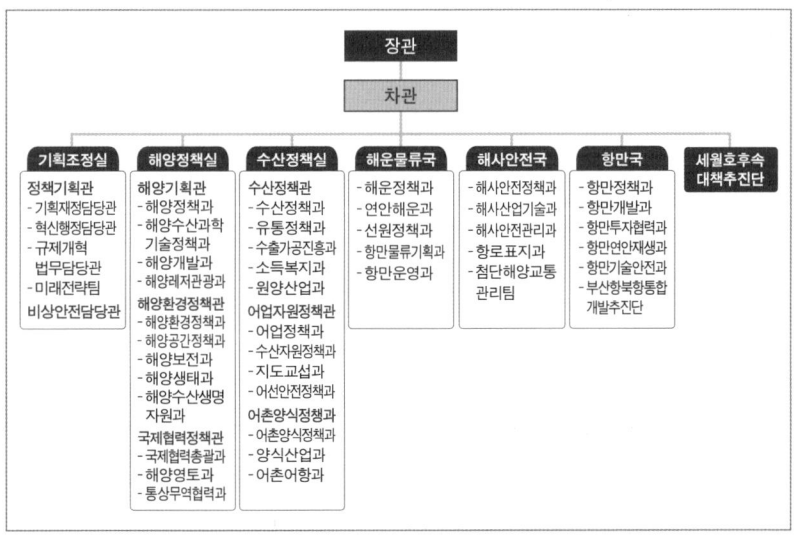

한편 〈해양교육문화법〉이 통과된 같은 날, 〈해양치유자원의 관리 및 활용에 관한 법률(해양치유자원법)〉도 함께 제정되었다. 이 법은 '해양치유자원을 체계적으로 관리하고 그 활용을 촉진하기 위해 필요한 사항을

규정함으로써 국민에게 해양치유 서비스를 제공하고 관련 산업을 활성화하는 등 국민의 건강증진과 복지향상 및 국가 경제발전에 이바지하는 것'을 그 목적으로 하고 있다. 여기서 '해양치유자원'이란 갯벌, 소금, 해양심층수, 해조류, 해양경관, 해양기후 등 해양치유에 활용될 수 있는 해양자원을 의미한다. 실제로 우리나라는 삼면이 바다로, 동·서·남 해안마다 해양치유에 활용될 수 있는 해양치유자원이 풍부하게 분포되어 있다. 해변 운동 가능 해수욕장(모래 해변 길이 2㎞ 이상) 13개소, 서울시 4배 면적의 갯벌, 세계 4위의 해조류 양식 생산량 등을 보유하고 있다. 그리고 이 법은 해양치유자원을 갖추고 국민에게 해양치유 서비스를 효과적으로 제공하기 위해 '해양치유지구'를 지정할 수 있도록 했다.

■ 한국의 지역별 갯벌 현황(2018년 기준)

구분	면적(km2)	비율(%)
합계*	2,487.2	100.0
인천광역시	728.3	29.3
경기도	165.9	6.8
충청남도	338.9	13.7
전라북도	110.5	4.4
전라남도	1,053.7	42.5
경상남도	62.8	2.5
부산광역시	20.1	0.8

주 : 면적 합계는 원자료에 의함
자료 : 해양수산부 바다생태정보나라(www.ecosea.go.kr, 2019.8.1.), 바다생태 : 갯벌현황

또한 최근에는 〈섬 발전 촉진법〉도 국회를 통과했다(2020년 12월 1일).[6] 이 법의 제안 이유를 보면, 최근 세계 각국이 섬의 가치와 중요성

6　서삼석 의원(더불어민주당 영암·무안·신안)이 대표 발의한 〈도서개발촉진법 일부개정법률안〉을 말한다.

지역	형태	치유자원	거점환경	비고
완도 (전남)	스포츠 재활형	전복, 다시마·미역 등 해조류, 바다모래 (대사증후군 완화)	해양바이오 연구·산업단지의 연구결과를 치유센터에서 활용하고, 스포츠 전지훈련지로 선호되는 온화한 기후	지역 의과대학과 연계, 해양치유특화 재활병원 유치
태안 (충남)	레저 복합형	머드, 소금, 토탄(퇴적물)(피부미용 및 근골격계질환 완화)	수도권 접근성, 서핑·카약 등 다양한 해양레저 콘텐츠 및 해수욕장·리조트 등 휴양 인프라 보유	주말·가족 단위 방문객 대상 피부미용 및 근골격계질환 완화로 특화
울진 (경북)	중장기 체류형	염지하수, 해양기후, 해송 (피부질환, 알러지 완화)	온천지구, 산림 등 다양한 자연휴양자원 및 마리나·해양과학교육관 등 해양관광자원 연계	해양 - 온천 - 산림 치유와 연계한 STAY-Healing
고성 (경남)	기업 연계형	굴 등 어패류, 해양경관 기후 활용	대규모 산업단지 접근성, 수려한해양경관 및 청정 대기환경(스트레스·피로 회복)	지역 기업·대학과연계, 워크숍 및 해양치유 아카데미 유치

자료 : 해양수산부, 〈해양치유산업 활성화 계획〉, 2020.1.15, 8쪽

을 재인식하고 섬의 개발과 자원화에 적극 나서고 있으나, 우리나라 현행법은 섬의 발전에 있어 중요한 주민 삶의 질 향상과 도서 정책의 중장기 추진 방향을 적절히 표명하지 못하고 있는 문제점이 있음을 지적하고, '섬은 우리 국민이 실질적으로 거주해야 하는 영토이며, 문화·관광·환경·해양·생태 자원으로서 국가의 새로운 성장 동력'이라는 점을 강조하고 있다. 그리고 이 법은 관리대상 섬을 지정해 지원할 수 있는 근거 마련, '섬발전심의위원회'에 민간위원 위촉, 섬에 대한 지원·관리를 위한 종합정보체계 구축 및 운영, 섬에 대한 종합적이고 체계적인 조사·연구·정책수립·진흥을 위한 '섬발전연구진흥원' 설립 등을 명시하고 있다.

확실히 2020년은 우리나라 해양정책에 있어 중요한 해로 기억될 것 같다. 무엇보다 우리나라 해양정책에 있어서 '해양문화'에 관심을 기울이

고, 이를 위한 법적 체계를 갖춘 것은 대단히 환영할만한 일이다. 그리고 국회 및 중앙정부의 이러한 변화에 따라 각 지방자치단체들도 신속하게 대응하기 시작했다.

2020년 11월 6일 경상북도는 (사)한국국제경영학회와 함께 경주에서 「해양문화포럼」을 개최하고 '환동해를 해양 문화·교육의 메카'로 만들자고 제안했다. 포럼에 참석한 한국해양수산개발원 최재선 박사는 2021년 2월부터 <해양교육문화법>이 시행되기 때문에 지역에서 해양문화사업을 추진할 여건이 갖춰졌다며, 경상북도에서는 우선 지역해양교육센터를 유치하고, 해양문화를 산업화하는 방안을 마련해야 한다고 조언했다.[7]

또한 경상북도는 11월 27일 (주)포항스틸러스와 환동해 지역 해양문화 확산을 위한 업무협약도 체결했고, 12월 11일에는 경주에서 「2020 환동해 해양문화산업 포럼」을 개최하기도 했다.

사실 경상북도는 해양교육 및 해양문화와 관련해 가장 적극적으로 대응하고 있는 지자체 가운데 하나다. 2020년 7월 31일에는 경북 울진에 '국립해양과학관'을 개관했고, 상주시에는 2022년까지 140억 원을 투입해 해양 전문 교육기관인 '청소년 해양교육원' 건립을 확정했다. 포항시는 11월 18일 '2030 포항관광 권역별 개발 및 활성화 마스터플랜 수립 용역' 최종보고회를 개최했는데, 이것은 포항시가 '환동해 중심 해양문화관광도시'로 도약하기 위해 지난 11개월 동안 준비한 것이었다.[8]

11월 17일에는 국립해양과학관(경북 울진군)이 롯데월드 아쿠아리움과 해양 과학·문화 확산을 위한 업무협약을 체결했는데, 주요 협약내용은 ① 해양과학 교육·전시 프로그램 기획 및 콘텐츠 개발 지원, ② 공동 교육 프로그램 개발·운영 및 상호교류, ③ 공동마케팅 및 교육 운영을

---

7 「환동해를 대한민국 해양문화·교육의 메카로~」, <경안일보>, 2020.11.06.

8 「'해양문화관광도시' 포항시 10년 뒤 모습은...」, <아시아경제>, 2020.11.19.

바다를 등진 해양도시

통한 대외 홍보, ④ 해양 과학·문화 확산을 위한 행사(특강) 개최 및 협력, ⑤ 수도권-지방 학생 교류 확산을 위한 양 기관 방문지원과 협력 등이었다. 같은 날 국립청소년해양센터(경북 영덕)는 경북청소년육성재단과 경상북도 청소년을 대상으로 청소년 활동과 해양 교육·문화 활성화를 위해 업무협약을 체결했다. 11월 20일에는 사천시가 한려해상국립공원과 함께 '해양생태체험교육센터' 건립을 위한 업무협약도 맺었다.[9]

■ **국립해양과학관(경북 울진군)**

출처 : 『연합뉴스』

11월 23일에는 서울대학교가 한국해양과학기술원과 해양과학 분야 전문인력의 양성과 교육·훈련, 해양과학문화교육 콘텐츠 기획 및 개발 등

---

9 환경부는 국내 생태 관광활성화를 위해 2021년부터 2025년까지 총 1500억 원의 사업비를 들여, 총 6개 국립공원의 생태 문화·교육 플랫폼 구축 사업을 추진키로 했다. 한려해상 사천지구는 국비 210억 원 규모의 국내 최초 해양생태 체험교육센터 건립이 확정됐다. 「국내 첫 해양생태 체험교육센터 건립 힘 모은다」, 〈뉴스사천〉, 2020.11.23.

을 위한 업무협약을 체결했다.

한편 2020년 2월 19일 완도군은 '해양치유산업 전략과제 보고회'를 개최하고, ① 해양치유 공간 조성, ② 해양치유산업 생태계 구축, ③ 해양치유산업 기반 조기 마련 등 3대 목표 아래 해양치유지구 지정, 해양치유형 어촌마을 지정, 해양치유연계형 문화관광 콘텐츠 개발 등을 전략과제로 선정했으며, 11월 29일에는 (사)남북경제문화협력재단과 업무협약을 체결하고 향후 해양바이오산업과 연계한 남북교류를 추진하기로 했다.

그런데 이쯤 되면 우리나라 제2의 항구도시 인천의 행보가 궁금해지지 않을 수 없다. 앞서 언급한 바와 같이 인천은 21세기 미국과의 해양패권 경쟁에 뛰어든 중국에 대한 해양 대응 거점, 남북 교류와 협력의 해양 접경 거점, 우리나라 수도권의 해양 관문이라는 지정학적 중요성뿐만 아니라 섬, 갯벌, 해수욕장, 해양생태계보호구역, 습지보호지역, 해양천연보호구역 등 풍부한 해양자연자원과 오랜 역사 속에서 형성된 다채로운 해양문화자원을 보유하고 있기 때문이다. 또한 도시의 규모, 인구, 경제력과 함께 수도권이라는 거대 시장에의 접근성, 무엇보다 세계 최고 수준의 국제공항과 항만을 보유하고 있는 인천의 인프라는 타 지역과 비교할 수 없는 강점을 지니고 있기도 하다. 새로운 해양의 시대를 맞아 우리나라에서 인천의 역할에 주목하는 이유가 바로 여기에 있다.

그러나 흥미롭게도 인천은 정부, 시민, 학계, 문화예술계를 불문하고 '해양'에 그다지 관심이 없는 것 같다. 그동안 인천의 해양 관련 정책은 주로 항만·물류 분야와 관광 영역에서 취급되었을 뿐, 도시의 미래발전전략을 설계하는데 '해양'은 중심 키워드가 아니었다. 2020년 11월 9일 인천시는 코로나19 경제 충격을 극복하고, 4차 산업혁명 시대 인천의 경제구조 고도화를 위한 〈인천형 뉴딜 종합계획〉을 발표했다. 2025년까지 총사업비

바다를 등진 해양도시

14조원(시비 2.7조원)을 투자해 일자리 17.3만 개를 창출하겠다는 '인천형 뉴딜'은 문재인 정부의 '한국판 뉴딜'을 기반으로 인천의 지역적 특성과 강점을 살려 '바이오 뉴딜'을 추가한 것인데, '경제·사회구조 대전환'을 모색하는 인천형 뉴딜에도 '해양'은 그다지 눈에 띄지 않는다.

해양수산부가 10년 단위로 수립하는 '제4차 항만기본계획' 가운데 '인천항 미래전략'에 관한 보도자료에 따르면, 인천항은 '환황해권 첨단물류·고품격 해양문화관광 거점항'으로 육성하겠다고 했지만, 주요 내용은 항만 시설의 건설과 정비일 뿐 '해양문화관광'에 대해서는 전혀 거론하고 있지 않다.[10] 또한 2020년 6월에 인천시가 발표한 〈제2차 인천광역시 문화진흥시행계획(2020~2024)〉에도 '해양' 혹은 '해양문화'는 주요 고려 대상이 아니었다. 물론 2020년 10월에 발표된 〈2021-2025 인천관광발전계획(안)〉에도 '해양'은 세부 사업 정도에서나 다뤄지고 있을 뿐이었다.

도대체 왜 인천은 '해양'에 관심이 없을까? 우리의 문제의식은 여기로부터 출발해야 한다. 필자가 생각하기에, 인천의 모든 정책·교육·문화의 중심에 '해양'을 놓으면, 다시 말해 '해양'을 중심으로 인천의 미래를 새롭게 기획하면 훨씬 좋을 듯한데, 인천의 지역정체성에 관해 '해양'이 언제나 주요한 가치로 거론됨에도 불구하고, 인천은 애써 '해양'을 외면하는 것처럼 보인다. 문제가 무엇일까? 이것이 이번 우리의 세미나를 기획하게 된 근본적인 물음이다.

---

10 「인천항, 환황해권 첨단물류·해양관광 거점항으로 육성」, 〈경기신문〉, 2020.11.17.

제2장

인천은 왜
바다에 등을 돌렸나

인천은 왜 바다에 등을 돌렸나

권기영

인천은 왜
바다에 등을 돌렸나

권기영

권기영 사적인 얘기입니다만 제가 인천대학교에 부임하기 전에 부산의 모 대학에서 1년 정도 강의를 한 적이 있습니다. 그때 부산에 있는 여러 학자들 혹은 출판·문화계 인사들과 만날 기회가 있었는데, 재미있는 것은 이 사람들은 부산에 대해 말하면 언제나 '바다'를 얘기하더군요. 그러니까 '부산' 하면 '바다', 뭐 이런 건데, 외지인인 저로서는 재미있기도 했고, 또 실제로 부산은 어딜 가든 바다의 '냄새'와 '맛'이 물씬 나더군요. 그런데 같은 항구도시이면서도 인천은 전혀 달랐습니다. 심지어 제가 대학교에서 만난 인천 출신의 학생들도 '바다'는 자기들의 삶과 경험에 그다지 중요한 것 같지 않고, 또 향후 진로나 취업을 생각하면서도 '해양'은 전혀 고려의 대상이 아니더군요. 만일 이런 상황이라면 우리는 아주 근본적인 문제에 맞닥뜨리지 않을 수 없게 됩니다. 과연 '인천'을 '해양'과 관련하여 논의하는 것이 맞을까? 인천 사람들은 '해양'에 관심도 없는데 말이죠. 우선 이 문제부터 논의를 시작했으면 합니다.

해양도시의 저급한 해양인식

김창수 제가 한 15년 전에 기억나는 논의 중 하나가 '인천의 도시정체성'과 관련된 것이었습니다. 제가 막 '인천연구'를 본격화하겠다고 했을 때인데, 저한테 다가오는 질문이 전부 그것이었어요. 인천이 어떤 도시인가? 그래서 당연한 얘기를 왜 묻지 라는 생각을 했어요. 그 당시 여러 가지로 정리한 것이 바로 '해양다문화도시론'이었습니다. 두말할 필요 없다. 인천은 해양도시다. 그것 말고 인천에 뭐 특별한 게 있나 하는 생각이었던 것 같아요. 다시 빙하기가 돌아와서 황해바다가 얼음으로 뒤덮인다면 모를까 인천은 앞으로도 변함없이 해양도시일 것이고, 동아시아 지중해의 가장 중요한 거점에 놓여있기 때문에 이런 지정학적 특성은 변함이 없을 것이다. 저는 그렇게 해양도시를 중심으로 정체성을 이야기 해왔습니다.

그럼에도 불구하고 인천의 해양의식이 낮은 것 또한 현실입니다. 부산하고 비교하면 바로 나타나죠. 부산은 도시정책, 도시슬로건, 도시브랜드 전 분야에 '해양'을 내걸고, 그것을 기반으로 국가적 사업, 인프라 및 기관유치 등의 명분으로 삼고 있거든요. 심지어는 해양경찰청이 부산에 있어야 한다. 왜? 해양수도니까. 이렇게 주장합니다. 중국에서 말하는 방식이 맞을 수도 있어요. 오히려 의식을 제고해야 거기에 대한 생각이 깊어지죠. 객관적으로 보면 해양도시의 여건을 인천은 모두 갖추고 있음에도 불구하고, 지방정부나 시민들의 의식에 있어서는 '해양도시'라는 개념이 낮은 거죠. 그래서 이 낮음의 원인이 무엇인가를 알아내고 돌파하지 않으면 안 된다고 생각합니다.

바다를 등진 해양도시

도시	2025년 순위	2012년 대비 상승순위	2025년 점수
뉴욕	1	+1	75.7
런던	2	+4	73.1
싱가포르	3	-2	71.2
서울	15	+7	63.0
상파울루	36	+25	57.5
인천	43	+17	55.8
함부르크	46	-2	55.7
마드리드	46	-28	55.7
필라델피아	48	-8	55.0
베이징	49	-13	54.9
오사카	50	-	54.5
부산	51	+12	54.3
뭄바이	51	+16	54.3

인천은 분명히 해양도시죠. 이것은 그냥 해변도시라는 의미도 아니고, 항구도시의 의미와도 전혀 다른 것입니다. 바닷가에 있는 도시는 해변도시나 항구도시겠죠. 그러나 도시의 전체 산업과 역사와 문화와 미래까지 해양에 걸려있는 도시를 해양도시, Maritime City라고 할 텐데, 인천이라는 도시의 운명은 분명 이 바다가 좌우하고 있거든요. 조금 시간이 흘렀습니다만, 2013년 도시와 국가의 경쟁력을 평가한 두 개의 보고서가 있었는데, 하나는 세계경제포럼(WEF) 것이고, 다른 하나는 EIU (Economist Intelligence Unit)의 보고서예요. 세계경제포럼이 발표한 2013년도 국가경쟁력 평가에 의하면 한국은 지난해보다 6단계나 추락한 25위로 나타났습니다. 그런데 EIU 보고서에서는 인천을 성장가능성 세계 제2의 도시로 평가했어요. 뭘 가지고 이렇게 평가했는가를 살펴보면,

EIU는 인천이 보유하고 있는 항만과 공항 등 교통·물류 인프라, 그리고 인천경제자유구역(IFEZ)을 성장가능성의 핵심으로 봤어요. "세계적 수준의 항구(world class port), 운송 인프라, 인천경제자유구역 개발 등에 대한 투자로 인해 동북아 상업·사업·운송·관광의 허브로 자리 잡게 될 것"이라고 예측했어요. 한국의 다른 도시들이 전부 경쟁력이 떨어지고 있는데, 인천만 유일하게 높게 평가를 받은 겁니다. 물론 경쟁력이라는 기준이 절대선은 아닙니다. 그러나 도시의 기능이라는 점에서 인천의 강점이 바로 해양에 기초한 인천항이다, 해상교통의 중심이다, 세계 주요 도시를 연결할 수 있다는 점들이 높은 평가를 받았던 것이죠. 그런 점에서 인천은 분명히 해양도시임에도 불구하고 왜 '해양'에 대한 인식은 저열한가? 이 문제를 좀 이야기 해보려고 합니다.

바다를 밀어낸 개발

김창수 인천 시민들의 해양의식을 결정적으로 낮춘 것은, 인천의 바다는 중요한 해안선들이 다 매립돼버렸다는 점에 있습니다. 본래의 자연적인 해안선은 없고 전부 다 매립지입니다. 1920년대와 현재의 지도를 오버랩 시켜 보면, 인천 시가지의 평지는 전부 다 매립지라고 보면 됩니다. 지금의 주안공단은 대부분 매립지죠. 청라지구도 대부분 매립지고, 남구의 대부분 그리고 송도까지 모두 매립지입니다. 원래는 북항에서 갯벌이 동암역까지 들어와 있었거든요. 그러면서 실제로 주민들의 거주지와 바다가 물리적으로 떨어져 있는 거죠. 바다를 밀어내는 방식으로 말입니다. 부산이나 목포 등의 도시와는 전혀 다릅니다. 인천은 매립으로 인해, 난개발로 인해 해양의식이 훼손되어왔다는 것을 알 수 있습니다.

바다를 등진 해양도시

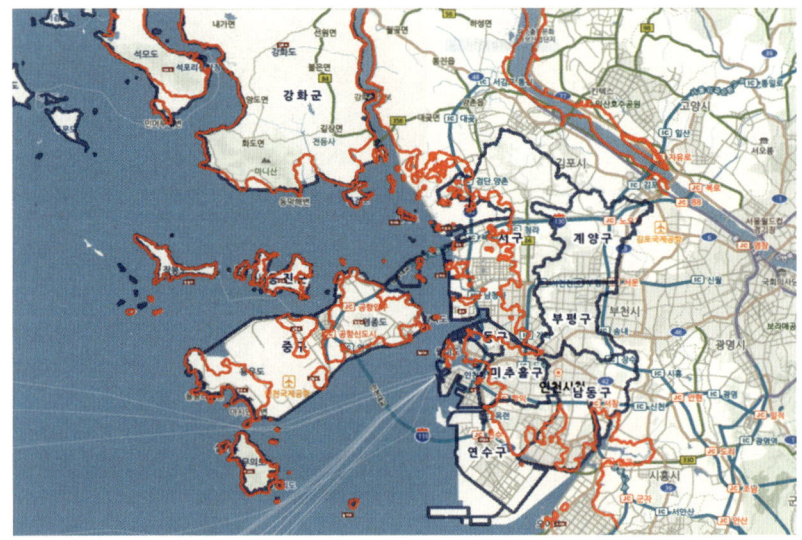

출처 : 인천광역시 GIS 플랫폼

이에 더해서 그나마 있던 해안선은 어떻게 되었냐면, 철책으로 전부 닫혀 버렸어요. 그 철책과 거주지 사이에는 창고라든가 을씨년스러운 시설들이 가로막고 있어서 물리적으로 바다로 시민들이 접근할 수가 없었죠. 물론 철책은 결국에는 남북분단과 냉전으로 인한 것이긴 합니다만 해양의식을 높이는 것이 그렇게 간단한 문제는 아닙니다. 여러 가지 복합적인 문제가 존재합니다.

장정구 우리는 바다로 나가자고 하는데, 인천은 오히려 바다를 등지고 있는 상황입니다. 철책선 뿐만 아니라 송도 신도시만 하더라도 2m가 넘는 제방이 있습니다. 인천대교를 만든 장소를 제외하고는 바다를 볼 수가 없어요. 월파 때문에 그렇게 높게 제방을 쌓았는데, 철책을 제거한다고 해서 될 문제는 아닙니다. 저희가 바다를 대하는 태도 자체가 바다에서 오는 파도를 막기 위해서, 파도가 무서워서 제방을 쌓는 게 지금의 상황인 겁니다. 그래서 이 부분을 넘어서 바다에 대한 여러 가지 상황들을 문화나 환경의 관점에서 볼 필요가 있습니다.

■ 인천시 해안 철책선 현황

출처 : 인천광역시

■ 해안 철책선

출처 : 인천녹색연합

바다를 등진 해양도시

인천항은 인천의 항이 아니다

김창수 인천항이 도시경쟁력을 끌어올린 최대의 인프라이긴 하지만, 다른 한편으로는 수십 년 동안 우리는 접근할 수 없는 보안구역으로 남아 있었습니다. 가뜩이나 해안선들이 군사경계지역인가 하면, 여기는 보안구역이어서 출입이 금지되어 있었죠. 물리적으로 시민들의 접근이 쉽지 않은 겁니다. 더구나 인천항과 관련된 사업을 하려고 하면 인천시와 해양수산부가 부딪히는 경우가 많습니다. 그러니까 중앙정부와 지방정부의 충돌이 발생하는 거죠. 왜냐하면 인천항은 오랫동안 국가항구, 즉 National Port였기 때문입니다. 지금은 항만공사(Authority Port)입니다.[1]

앞에서 언급된 네덜란드 로테르담 항구 같은 경우에는 지방항(Municipal Port)입니다. 지방이 항구를 관리하고 통제합니다. 그러다 보니 도시계획이나 도시재생하고 유기적으로 연관시켜 작동할 수 있는 데 반해, 인천항은 인천에 있기만 하지 인천의 항이 아니예요. 인천에 있는 군부대도 마찬가지죠. 인천 안에 있기만 하지 섬처럼 존재하는 겁니다.

물론 지방항으로 전환하는 것은 쉬운 일이 아닙니다. 만약 지방항으로 만들었을 때 엄청난 인프라 투자를 우리가 감당할 수 있을까? 항만시설의 건설과 유지에는 비용이 많이 들어갑니다. 그럼에도 불구하고 방법은 찾아내야 하지 않을까요? 실제로 인천 시민들에게 도움이 되는 파급효과가 배후지역, 인천시민, 산업, 경제로 유기적으로 연계되도록 하려면 지방항적 요소를 강화하지 않으면 안 됩니다. 이런 것들이 과제이면서 또한 인천의 해양의식을 저해해왔던 요인들 같아요.

---

1 인천항의 관리주체는 인천항만공사(IPA)다. 항만공사 제도는 과거 항만시설을 국유국영형태로 운영하다가 생산성과 도시계획 연계성의 부족 등의 비효율적 요소를 극복하기 위해 도입한 공영기업 형식의 운영제도이나 여전히 중앙정부가 관리 주체인 관계로 항만자치를 이루지 못하고 있다.

힘 없는 해양 부처

장정구 해양수산부가 '민관해양환경정책협의회'라는 것을 구성했습니다. 아마 해양수산부가 구성한 민·관이 같이하는 첫 번째 협치기구라고 장관께서 말씀하시더군요. 저도 참여를 하고 있는데, 아래 사진은 거기에서 본 것입니다. 해양수산부가 생각하고 있는 세계지도[2]입니다. 저희가 보통 생각하고 있는 지도를 거꾸로 해서, 바다로 나가자는 의도를 표시하고 있다고 생각했습니다.

그런데 저는 또 어떤 느낌을 받았느냐면, 해수부가 여전히 정부 부처 내에서는 힘이 약한 부처이고, 또 정권이 바뀔 때마다 없어졌다 새로 생겼다 하는 과정을 되풀이하는 부처라는 겁니다. 이 말은 인천만 그런 것이 아니라 우리나라 전체가 바다를 대하는 태도 자체가 이 정도라는 겁니다. 정부 부처에서도 해양을 담당하는 부처는 힘이 약한 부서라는 생각이 듭니다.

인천시의 바다 관련 부처가 '해양항공국'입니다. 2016년하고 2019년을 비교해 보면, 1과 2팀이 늘었습니다. 그러나 '여성가족국' 다음으로 작은 국입니다. 두 번째로 작은 조직이라면 예산 역시 마찬가지 상황일 것이고요.[3] 여하튼 인천 내에서도 해양에 대한 관심이 이 정도라는 것을 이야기할 수 있을 것 같네요. 중요한 것은 해양, 수산, 도서, 항만, 공항 등

---

2 장정구가 말하는 세계지도는 해양수산부의 '거꾸로 세계지도'를 가리키는데, 이는 저작권 관계로 이 책에 노출할 수 없음을 양해 바란다. 해양수산부 누리집(www.mof.go.kr)에 들어가면 해당 이미지를 볼 수 있다.

3 주민참여예산토론회 자료에 따르면 2019년 해양항공국 예산은 약 1,162억 원으로 2016년 약 890억 원에 비해 270억 원이 증가했다. 그런데 해양항공국 예산 중 절반 이상이 도서지원과(약 665억 원)의 예산이다.. 도서지원과의 예산은 기초생활기반확충(특수상황) 약 230억 원, 여객선 운임지원 약 146억 원으로 과예산의 절반이 넘는 상황이다. 균형적인 예산편성과 집행, 하드웨어뿐 아니라 인천도서지역의 가치발굴 등 소프트웨어 부분에서의 예산편성이 필요해 보인다.

이 다 붙어있는 상황인데, 따지고 보면 공항 쪽이 여기에 붙어있을 건 아닌데도 말입니다. 그런 의미에서 시민사회에서는 해양정책과가 필요하다는 주장을 10년 전부터 지속적으로 제기했었습니다. 해양정책에는 문화도 포함되고 환경도 포함된다고 생각합니다.[4]

그런데 제가 봤을 때는 여전히 미진한 상황으로 보입니다. 환경 쪽에서 보면 '해양환경팀'이라고 있습니다. 보통 시와 같은 조직에서 결재는 과장 결재거든요. 팀장은 결재를 할 수 있는 상황이 아닌 거죠. 황해에서 주목해야 할 것이 해저 지형 속에는 모래라는 중요한 가치가 있는 자원이 있고, 또 중국에서 밀려오는 쓰레기나 오염문제가 많이 부각되고 있는 상황이어서 시장님을 모시고 굴업도에 얼마나 많은 해양쓰레기가 있는지, 또 중국에서 얼마나 쓰레기가 밀려오는지를 보여드리기 위해 준비를 했는데, 비서실에서는 승인을 했는데도 도서지원과에서 문서가 올라가야만 시장님이 가실 수 있는 상황인 겁니다. 그런데 도서지원과장은 해양쓰레기의 민낯을 시장께 보여드리기를 꺼려했죠. 왜냐하면 해양쓰레기의 상당부분이 어업쓰레기이기 때문입니다. 지방자치단체 해양 분야의 상당 부분은 수산 분야입니다. 수산에서 어민들은 지원의 대상이구요. 그런데 해양쓰레기를 많이 유발하는 게 오히려 어민이기도 하거든요. 그러니 해양쓰레기 문제가 부각되면 어민에 대한 지원 자체에 문제가 생긴다는 인식이 수산 분야 공무원들의 생각이었던 겁니다. 결국 과장이 결재를 안 해주어서 시장님은 해양국이 아니라 환경국을 통해 가시는 상황이 발생했습니다. 환경국의 자원순환과장이 결재를 올렸던 거죠.

---

4 2020년 12월 현재 해양항공국은 해양항만과, 항공과, 도서지원과, 해양친수과, 수산과로 구성됨

바다 속에 아무 것도 없다

장정구 제가 환경을 하는 사람이기 때문에 전국의 많은 현장들을 다닙니다. 요즘은 다도해라든지 한려해상국립공원 쪽에 많이 갑니다. 그런데 그곳에는 스킨스쿠버를 하면서 해양쓰레기와 산호 조사를 하시는 분들이 계신데, 그 분들 말씀이 '바다 속에 아무 것도 없다'고 표현하십니다. 바다, 특히 동해 쪽은 황폐화가 된 지 오래되었고, 제주도 인근에 조금 남아 있을 뿐 나머지는 모두 황폐화가 되었답니다. 그런데 이러한 상황을 해양수산부조차도 잘 모른다고 합니다. 해상의 국립공원을 조사하시는 분들이 사진을 찍어서 해양수산부에 보여주면, 되게 충격적이라고 표현한다더군요. 쓰레기는 둘째 문제고, 생물 종 자체가 없습니다. 예전에는 벽이나 돌 같은 데에 여러 생물들이 많이 붙어있었는데, 지금은 거의 없다는 겁니다. 종패를 뿌리지 않고서는 수산 자원 자체가 연안 쪽에서는 거의 기대하기 어려운 지경이랍니다.

앞에서 잠깐 언급했듯이 중국에서 밀려오는 해양쓰레기도 심각한 수준입니다. 백령도 같은 경우에 페트병 쓰레기 10개 가운데 9개가 중국 겁니다. 대청도는 10개 중에 8개 정도, 덕적도는 10개 중에 3~5개가 중국 겁니다. 저는 바다를 생각할 때 이 부분을 아주 중요하게 보는 데, 인천시는 여전히 소홀하게 생각하고 있는 것 같아요. 물론 중국에서 오는 쓰레기뿐만 아니라 한강에서 떠내려오는 쓰레기, 바다에서 어민들에 의한 쓰레기들이 결국 황해에서 문제를 일으키고 있습니다. 연평도에 가면 구지도라는 섬이 있습니다. 무인도입니다. 환경부에서 지정한 특정 도서인데, 저어새라는 법정 보호종의 최대 서식지입니다. 그런데 거기는 쓰레기 섬입니다. 섬 전체가 쓰레기로 뒤덮여있습니다. 저어새가 쓰레기로 둥지를 만들고, 수천마리의 괭이갈매기들도 해양쓰레기더미 위에 둥지를

바다를 등진 해양도시

틀고, 알을 낳고, 부화를 하고, 먹이를 먹는 과정이 바로 우리나라 구지
도라는 섬에서 일어나고 있는 일입니다.

■ 구지도 해양쓰레기

출처 : 인천녹색연합

제가 오늘도 낚싯배 때문에 남항부두에 다녀왔습니다. 남항부두에서
주로 낚싯배가 출발을 하는데, 요즘 '도시어부'라는 프로그램 때문에 많은
사람들이 바다에 나가 낚시를 하고 있거든요. 그런데 2003년 대이작도 주
변 바다가 해양보호지역으로 지정되었는데 주민들조차 정확한 경계를 알
수가 없는 상황이에요. 배로 조업을 하면서도 여기가 보호지역인지 아닌
지를 알 수가 없다는 겁니다. 제가 해양수산부의 해양환경정책협의회에
서도 계속 언급했지만 배가 보호지역 안에 있는지 아닌지를 알 수가 없고
대략적으로만 알 수 있다는 거예요. 그런데 기술적으로 충분히 가능한

일이거든요. GPS에 선을 그리고 그 안에 들어왔다는 것을 경고하면 되는데, 환경부 산하 국립공원관리공단이 관리하는 국립공원의 경우에는 도로변 뿐 아니라 곳곳에 경계를 알 수 있는 표시가 있는데, 바다는 알 수 있는 방법이 전혀 없습니다. 모든 배에 GPS가 있는데도 말이지요.

인천의 해양 콤플렉스

심진범 저는 '해양도시 인천'이라고 했을 때, 왜 우리는 콤플렉스를 느끼는가? 몇 가지 측면에서 생각해 볼 수 있겠는데요. 먼저 해양인식의 문제가 있지 않나 싶습니다. 인천의 바다는 개방된 공간이라기보다는 폐쇄성을 지닌 규제의 공간으로 인식되어 온 측면이 있습니다. 예컨대 인천의 바다는 일몰 이후에는 여객선이 다녀서는 안 되는 규제의 공간이었죠. 이런 것들이 오랫동안 시민의 삶 속에서 해양인식을 방해하는 요소가 되지 않았나 싶습니다.

두 번째는 토지 이용과 공간 기능을 볼 필요가 있을 것 같습니다. 인천의 바다는 국가적 시각에서 용도와 기능이 결정된 측면이 있습니다. 산업이라든지, 항만이라든지 혹은 에너지발전의 기능이라든지 국가가 필요한 토지 용도와 기능들로 채워져 왔던 것이죠. 그리고 해양공간 의 측면에서 부산과 다른 점 중의 하나는 '섬'이라 할 수 있습니다. '섬'은 자원이기도 하지만 정책 대상으로서는 매우 복잡하고 난해한 공간적 대상이기 때문에 정책의 성과 창출이 쉽지 않은 특성도 있습니다. 해양도시 인천을 이해하기 위해서는 토지 이용이나 공간의 성격을 이해하는 것이 중요하다고 봅니다.

세 번째는 정책의 리더십 측면을 볼 필요가 있습니다. 부산 등 다른 해양도시와 비교할 때 상대적으로 해양정책을 의제화하고 정책의 추진

바다를 등진 해양도시

동력을 만들어내는 과정과 구조들이 약하지 않았나 생각해 봅니다. 섬 행정의 경우도 최근에는 인천시의 도서 행정 추진체계가 강화되었으나 이전에는 옹진군, 강화군 등 기초 행정 의존성이 강했던 측면도 있습니다. 인천시 도시정책에서 해양정책의 위상과 수단이 약했던 점도 그 원인 중의 하나로 볼 수 있을 것 같습니다.

그리고 시민이나 이용자의 시각에서 볼 필요가 있는데 그것은 물리적인 접근성일 수도 있고 심리적인 접근성일 수도 있습니다. 물리적으로 보면 인천시 유인도서의 육지와의 평균 거리는 약 59㎞입니다. 전국 평균이 약 20㎞인 점을 고려한다면 시민이 접근하기에 멀리 떨어져 있는 도서이고 공간적으로 분산되어있는 측면도 있는 것이죠. 또 하나 심리적 접근성이나 심미성의 측면에서 보면 서해안 해양환경이 갖는 구조적 특성이 해양 인식과 이용에 영향을 미친 측면도 있다고 봅니다. 이용자의 입장에서, 바다라고 하면 동해안이나 남해안을 먼저 떠올린다는 것이

■ 서해안의 각 도서

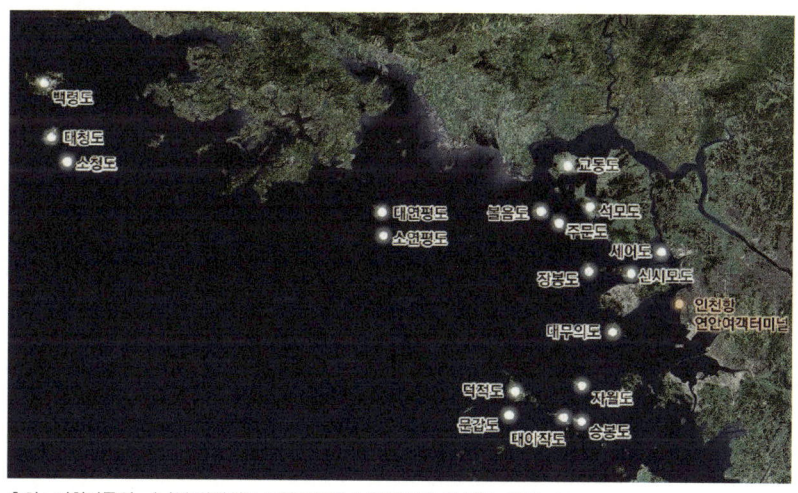

출처 : 인천연구원, 〈남북 평화협력시대 평화도시 인천 비전 및 전략 연구〉, 2019.

죠. 우리가 해양도시 인천을 이야기할 때는 이와 같은 다양한 요인들에 대한 전체적인 이해가 필요하지 않나 하는 생각이 듭니다.

열악한 해양 인프라

김창수 해양문화 인프라에 있어서 인천은 대단히 열악한 상황입니다. 부산의 경우를 보면 1994년에 부산해양자연사박물관이 개관했고, 2012년에는 국립부산해양박물관이 개관했는데, 인천은 2024년에야 비로소 국립해양박물관이 개관 예정에 있습니다. 그다음으로 결정적인 것은 교육 분야입니다. 부산은 한국해양대학을 중심으로 다양한 연구와 해양 관련 인력을 양성해내고 있죠. 목포에도 해양대학이 있습니다. 그런데 인천에는 없어요. 원래는 인천에 해양대학을 만든다고 했었는데 어느 순간 사라져 버렸습니다. 왜? 지키려는 의지가 없으니까요. 인하대와 인천대에 해양학과가 있습니다만, 여기는 우리가 생각하는 종합적인 해양 연구가 아니라 특수한 기능적인 연구를 수행하고 있어요.

목포대학은 1984년에 '도서문화연구원'을 설립했습니다. 목포 같은 도시가 그동안 해양문화에 대해 얼마나 많은 연구와 투자를 했는지를 생각하면 인천은 정말 부끄러운 이야기죠. 해양문화에 대한 연구의 작은 샘플 하나도 없었던 겁니다. 해양박물관 하나 유치한다고 해서 해결될 문제가 아닙니다. 그런 점에서 해양문화자원에 대한 발굴·조사·연구 사업들을 지속적으로 할 수 있는 방법이 무엇인가를 찾아내는 것, 그것을 정보화하고 콘텐츠화 하는 것을 모색해야 합니다. 조사도 안 하고 콘텐츠를 만든다는 건 어불성설이고, 그런 점에서 보면 인천시의 콘텐츠산업 진흥이란 말은 자원도 없는데 꿈만 꾸는 격입니다.

바다를 등진 해양도시

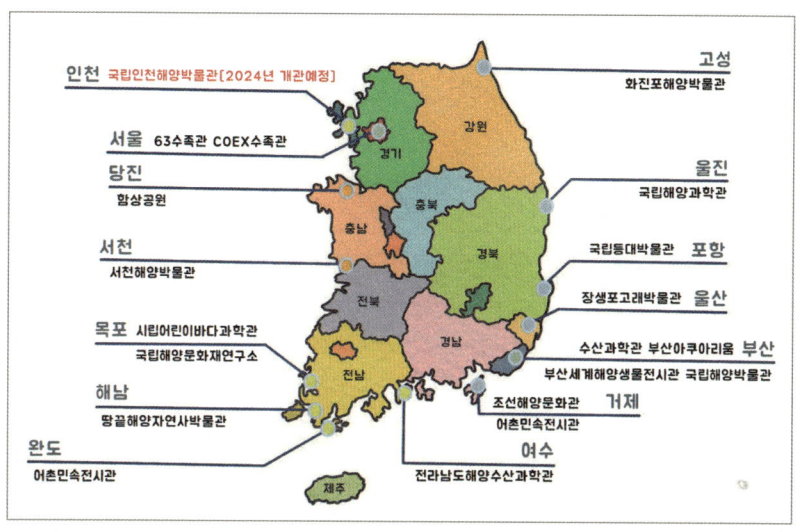

인천 국립인천해양박물관[2024년 개관예정]

서울 63수족관 COEX수족관

당진
함상공원

서천
서천해양박물관

목포 시립어린이바다과학관
국립해양문화재연구소

해남
땅끝해양자연사박물관

완도
어촌민속전시관

고성
화진포해양박물관

울진
국립해양과학관

국립등대박물관 포항

장생포고래박물관 울산

수산과학관 부산아쿠아리움 부산
부산세계해양생물전시관 국립해양박물관

조선해양문화관 거제
어촌민속전시관

여수
전라남도해양수산과학관

강원

경기

충북

충남

경북

전북

경남

전남

제주

　　장정구 저는 인천에 들어서게 될 해양박물관에 과연 어떤 내용을 넣을까라는 생각을 해봤습니다. 뭘 전시하지? 아직도 진행형인지 엎어진 건지 모르겠는데, 대이작도의 풀등에서 한 주민이 그물질을 하다가 원나라 때의 것으로 추정되는 도자기가 하나 나왔어요. 인천일보가 관련하여 시리즈로 몇 번 보도를 했었는데. 해저유물에 대한 조사도 꼭 목포같이 남쪽에 있는 곳에서만 가능하더라고요. 이 주변 지역에는 그걸 할 만한 데가 왜 없는지 잘 모르겠습니다. 그래서 인천도 준비를 좀 해야 하지 않나 싶어요. 옛날에는 무역선들이 가득했다는데, 오히려 신안보다도 더 근사한 배들이 발굴될 수도 있고요. 대이작도나 덕적도 주변에 가면 지금도 주민들이 건져 올린 것들을 꺼내놓습니다. 교동에 가면 밭을 갈다 나왔다며 청자를 꺼내놓으시고요. 물론 문화재로서의 가치가 있는지는 모르겠지만, 그런 것들이 올라오고 있는 것은 사실인 거죠. 여하튼 인천지역에서도 준비를 좀 해야 한다고 생각합니다. 최근에 시민사회 쪽에서도 섬에 대한 관심이 올라가고 있다고 저는 느낍니다. 현재 '황해 섬 네트워크'에서 섬마다 연구총서를 내고 있는데, 교동도, 덕적도, 장봉도까지 책을 냈어요. 곧 대청도 책이 나오고, 그다음은 이작도를 준비하고 있는 것으로 알고 있습니다.

■ **국립인천해양박물관 배치도**

출처 : 해양수산부

■ **국립인천해양박물관**

출처 : 해양수산부

※ 국립인천해양박물관의 위치 및 건축 형태는 확정된 것이 아니기 때문에 위에서 제시한 국립인천해양박물관 배치도 및 조감도는 가변적임을 고지하는 바이다.

권기영 지금까지 인천이 해양에 대해 무관심한 이유에 대해 짚어 봤습니다. 되돌아보니 우리나라의 근현대를 가로지르는 역사적 흐름 속에서 인천이 온갖 희생을 감수해 오지 않았나, 인천은 국가 발전의 동력이면서도 그림자의 역할을 감당해 오지 않았나, 그리고 그런 과정에서 해양도시로서의 정체성마저 상실해 버린 것은 아닌가 싶습니다. 이제 마지막으로 21세기에 인천이 새롭게 해양에 눈을 돌린다면 어떤 부분들에 관심을 기울일 필요가 있는지, 평소에 생각했던 구상들을 띄워 보는 것으로 다음 세미나를 기약했으면 합니다.

바다를 등진 해양도시

인천의 해양문화자원

김창수 사실 인천의 해양문화자원은 그야말로 풍요롭습니다. 인천은 한반도 중부의 인천·경기만 가운데 있기 때문에 남북문화, 환경문화 그리고 해양문화들이 어우러져 복합적이고 다양한 해양문화자원을 갖고 있습니다. 뱃노래, 갯가노래, 풍어제로부터 다양한 해양설화까지 앞으로 연구해야 할 중요한 자원이죠. 그 다음에 우리가 해양이라고 할 때, 몇 가지 공간적 개념을 확장해서 입체적으로 생각할 필요가 있어요. 해상이 있고, 해변이 있고, 해저도 있습니다. 그런데 우리 인천은 해저 개념이 없어요. 사실 신안과 목포는 해저유물을 건져 올린 뒤 해양에 대한 관심이 비약적으로 증가했죠. 우리가 또 놓치고 있는 것이 '해양사'라고 하는 개념입니다. 바다가 어떻게 발전해 왔는지, 바다를 둘러싼 인간의 활동이 어떠했는지. 이러한 것들은 공간을 차지하지 않으면서도 대단한 자원이 되면서 해양인식을 강화시켜 줄 수 있는 것입니다. 인천의 경우 고려의 건국과 더불어 다양한 해양활동들을 부각시킬 수 있어요. 해저, 해양사에 대한 관심을 우리 인천은 좀 높여 나갈 필요가 있습니다.

장정구 앞에서 네덜란드 항구 이야기를 하시니까 저는 정말로 바다는 하나로 연결되어 있다는 생각을 하게 됩니다. 네덜란드가 항구로서 대단히 중요하다고 해서 저도 한 번 가봤는데, 네덜란드는 인천의 섬과도 인연이 깊어요. 인천 앞바다의 장봉도라는 섬에 네덜란드의 원조를 받아서 종패를 뿌리기 시작했다는 흔적이 남아있어요. 장봉도의 야달선착장 가는 길 절벽에 작은 현판이 붙어 있어요. 그러니까 네덜란드하고 인천하고는 여러 가지 상황 속에서 많은 관련성이 있다는 건데, 우리는 잘 모르고 있어요. 김창수 박사님 말씀처럼 그런 것들을 발굴하고 연구해야 한다는 점에 전적으로 동의합니다.

한반도 차원에서 보면 2020년이 한국전쟁 70주년이고, 정전협정 67주년이 되는 해인데, 그 정전협정으로 인해 비무장지대가 설정되었고, 한강하구에는 중립지역, 명칭이 정확하지는 않지만 민간인 선박이 다닐 수 있는 수역이 생기고, 그 과정 속에서 비무장지대와 중립수역은 민간인이 출입하기 어려운 조건이 되었죠. 그렇게 하나의 생태축이 생겼습니다. 그리고 서해안에 갯벌과 도서지역이라는 중요한 축이 있구요. 이 세 개가 전문가들이 이야기하는 한반도의 3대 축인데, 그 중에 인천·경기만 지역은 비무장지대, 한강하구 중립지역, 서해안 도서·갯벌이 만나는 지역으로 한반도에서 자연생태가 가장 우수한 곳이라 할 수 있습니다.

1년 전에 백령도, 대청도, 소청도가 국가지질공원 인증을 받았습니다. 이 세계지질공원이라는 프로그램은 유네스코가 인정하는 자연환경 파트 3대 프로그램 중의 하나인데, 그렇게 되기에 충분한 가치가 있다는 것을 지질학 연구자들은 인정하고 있지만, 인천시는 국가지질공원으로 인정받고도 세계지질공원으로 가기 위한 조사와 연구 등의 준비를 아직 제대로 추진하지

■ **백령·대청 국가지질공원 (두무진)**

출처: 인천광역시 옹진군

바다를 등진 해양도시

않고 있어요. 그런데 국가 지질공원인 서해5도는 한 쪽으로는 옹진반도의 지질과 연결되어 있고, 다른 쪽으로는 중국과도 지질이 연결되어 있어요. 그래서 세계지질공원으로 가기 위해서 이와 관련된 연구와 협력이 필요한데, 아직 인천에서는 그런 준비를 하지 않고 있습니다.

■ 한강하구 공동이용 수역

출처: 『연합뉴스』, 2018.11.5.

또 하나는, 저는 황해에 대해 고민할 때 한강하구를 중요하게 봐야 한다고 생각합니다. 한강, 임진강, 예성강, 이 세 강이 합류하는 한강하구, 북한에서는 임진강 하구라고 부른다는데 이곳이 역사적으로 굉장히 중요한 장소였다는 것은 다들 알고 있는데, 그것은 큰 강이 있기 때문에 혹은 만이기 때문이라기보다는 강 하구이기 때문입니다. 강줄기를 따라서 한반도의 허리인 중부권, 춘천까지, 충주까지 갈 수 있어요.

그런데 여기에는 자연적인 중요한 의미가 있는데, 그중 하나가 '모래'입니다. 남북관계가 좋아지면 중립지역의 한강하구 쪽에 있는 모래를 팔 것이라고 얘기를 많이 합니다. 왜냐하면 남북경협의 핵심 가운데 하나로 모래가 될 수 있고, 예전에 남북관계가 좋았을 때 실제로 모래를 수입하기도 했으니까요. 지질학자들의 얘기를 들어보면 인천·경기만에서 바다 쪽으로 나가는 큰 모래톱(사주) 3개가 쭉 연결되어 있답니다. 이것은 영토적인 관점에서도 대단히 중요하게 봐야 합니다. 어쨌든 한반도의 3대 생태축으로서의 비무장지대와 서해안 도서와 갯벌의 자연생태적인 가치가 적어도 한반도에

■ 해양보호구역 지정 현황도

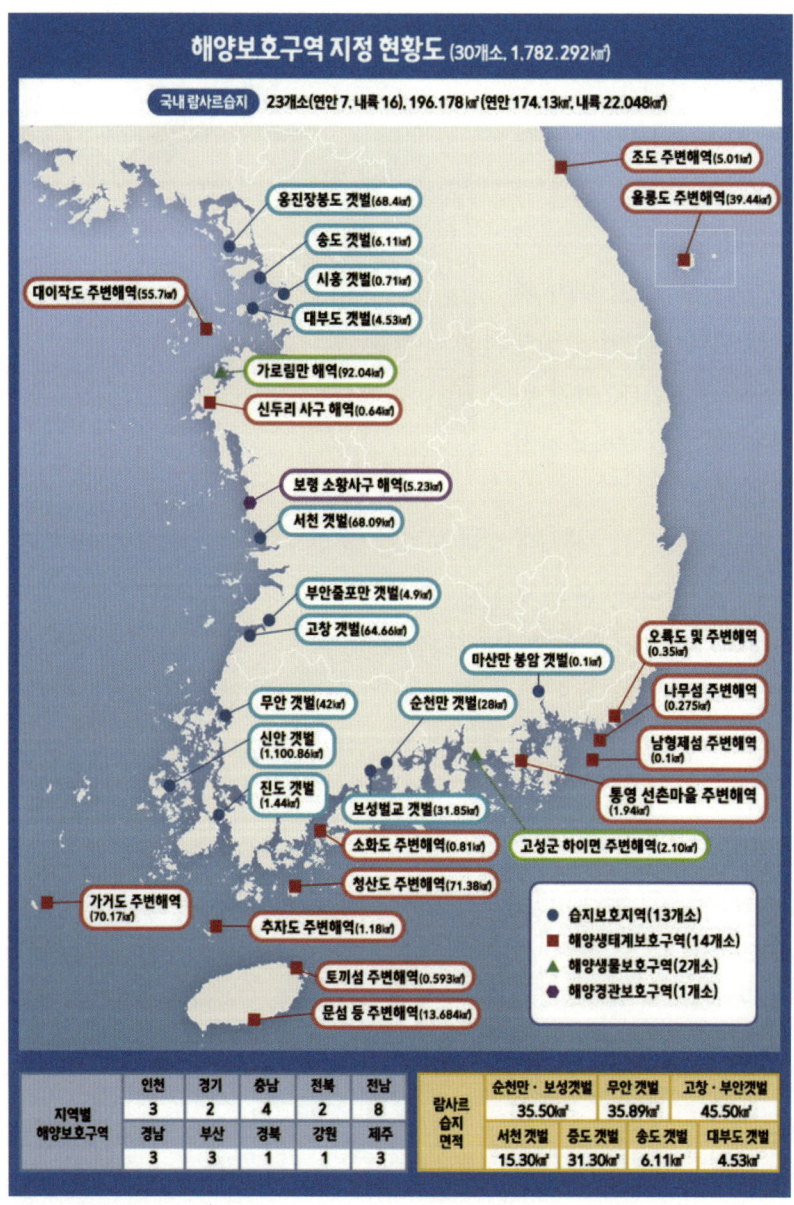

해양보호구역 지정 현황도 (30개소, 1,782.292㎢)

국내 람사르습지 23개소(연안 7, 내륙 16), 196.178㎢(연안 174.13㎢, 내륙 22.048㎢)

조도 주변해역(5.01㎢)
울릉도 주변해역(39.44㎢)

옹진장봉도 갯벌(68.4㎢)
송도 갯벌(6.11㎢)
시흥 갯벌(0.71㎢)
대부도 갯벌(4.53㎢)
대이작도 주변해역(55.7㎢)

가로림만 해역(92.04㎢)
신두리 사구 해역(0.64㎢)

보령 소황사구 해역(5.23㎢)
서천 갯벌(68.09㎢)

부안줄포만 갯벌(4.9㎢)
고창 갯벌(64.66㎢)

마산만 봉암 갯벌(0.1㎢)

오륙도 및 주변해역(0.35㎢)
나무섬 주변해역(0.275㎢)
남형제섬 주변해역(0.1㎢)
통영 선촌마을 주변해역(1.94㎢)

무안 갯벌(42㎢)
순천만 갯벌(28㎢)
신안 갯벌(1,100.86㎢)
진도 갯벌(1.44㎢)

보성벌교 갯벌(31.85㎢)
소화도 주변해역(0.81㎢)
고성군 하이면 주변해역(2.10㎢)
청산도 주변해역(71.38㎢)

가거도 주변해역(70.17㎢)
추자도 주변해역(1.18㎢)

토끼섬 주변해역(0.593㎢)
문섬 등 주변해역(13.684㎢)

● 습지보호지역(13개소)
■ 해양생태계보호구역(14개소)
▲ 해양생물보호구역(2개소)
● 해양경관보호구역(1개소)

지역별 해양보호구역	인천	경기	충남	전북	전남
	3	2	4	2	8
	경남	부산	경북	강원	제주
	3	3	1	1	3

람사르 습지 면적	순천만·보성갯벌	무안 갯벌	고창·부안갯벌
	35.50㎢	35.89㎢	45.50㎢
	서천 갯벌	증도 갯벌	송도 갯벌	대부도 갯벌
	15.30㎢	31.30㎢	6.11㎢	4.53㎢

출처: 해양수산부 해양환경정보포털

서는 가장 중요한 장소입니다. 그 중에서 국립공원을 제외하면 국가지질공원, 습지보호지역, 천연기념물 등이 있고, 이런 모든 보호지역들이 인천에, 대부분 섬에 있습니다. 우리가 바다, 해양을 말할 때 섬에 대한 부분, 섬에 살고 있는 주민들과 자연생태를 중심으로 봤으면 좋겠다는 생각입니다.

인천·경기만 지역은 조수간만의 차가 크기 때문에 갯벌과 조간대가 발달되어 있습니다. 이것은 섬 주민들의 입장에서는 생활의 터전이죠. 이 공간을 '갯티'라는 표현을 쓰고, 섬에서는 '갯티 간다'는 표현을 중요하게 사용하고 있습니다. 이것이 인천 섬의 중요한 문화라는 것이죠. 이 '갯티'라는 공간은 섬에서 생활이나 문화적으로 중요한 장소였던 겁니다. 그래서 덕적군도 중 문갑도 출신인 이세기 시인은 둘레길 문화가 확산되면서 인천의 해안길은 '갯티'라는 표현을 쓰면 좋겠다는 제안을 합니다. 이 '갯티'라는 표현과 문화가 그냥 거기서 조개를 캐고 낚시를 하는 수준이 아니라, 조금 더 디테일하게 바라볼 필요가 있지 않겠나 하는 고민을 우리가 했으면 좋겠다는 생각이 듭니다.

구분	명칭	지정일자 및 면적		특징	관련 부처	관련법령
		위치				
해양생태계 보호구역	대이작도 주변해역 해양보호구역	03.12.3155.7㎢		뛰어난 자연경관, 수산 생물과 저서생물 주요 서식지	해양 수산부	해양생태계의 보전 및 관리에 관한 법률 (제25조)
		옹진군 이작리· 승봉리 일원 해역				
습지 보호지역	옹진장봉도 갯벌습지 보호지역	03.12.31/68.4㎢		희귀철새 도래·서식, 생물다양성 우수	해양 수산부	습지보전법 (제8조)
		옹진군 장봉리 일대 갯벌				
람사르습지	강화 매화마름 군락지	08.10.13/0.003㎢		매화마름과 수색생물, 천연기념물 희귀철새 서식·도래지	환경부· 해양 수산부	람사르협약
		강화군 길상면 초지리				

자료 : 해양수산부 바다생태정보나라(www.ecosea.go.kr, 2019.8.1.), 해양보호구역 : 해양보호구역 현황; 환경부 (2018a), 습지보호지역 지정(2018년 1월 기준); 환경부(2018b), 람사르습지 등록 현황(2018년 1월 기준)

손동혁 지정학적인 관점에서 제가 흥미롭게 봤던 것 중의 하나는, 인천의 개항장은 백수십 년 전에 사실은 남들의 손으로 만들어졌지 않습니까? 그런데 개항장의 정체성은 지금 표현으로 하면 국제도시인거죠. 그럼 인천이 스스로 만든 도시는 여기 송도잖아요? 그런데 송도를 보면 그대로 국제도시가 가져야 할 요건들을 다 지향하고 있거든요. 그럼 분명히 인천이 지정학적으로 일맥하는 부분이 여전히 존재한다는 생각이 듭니다. 이것은 그냥 인천이 글로벌한 도시가 되자는 것이 아니고, 바다를 끼고 있는 도시로서 국제적으로 교류할 수 있는가에 대한 고민이 한편에 있어야 한다는 생각이 듭니다. 그리고 그런 부분이 오히려 다양성의 문제로 확장되어야 하는 측면이 있는 거죠. 사실 그렇게 조금씩 되어가고는 있는데, 과연 방향을 그렇게 잡아가고 있는가에 대해서는 의문이 좀 있습니다. 하나의 이벤트라던가 프로젝트의 문제가 아니라면 그런 측면에 주목해야 하지 않을까 싶습니다.

최영화 〈해양교육문화법〉이 문화체육관광부가 아니라 해양수산부에서 만들어졌기 때문에 향후 교육이나 활용에 있어서 해수부 주관으로 잘할 수 있을까 하는 우려가 생깁니다. 기존의 해양 관련 정책 소관 부서가 중앙은 해수부고 인천은 해양항공국이어서, 지원사업 대부분이 산업지원이나 주민생활지원 분야에 치중되어 왔고, 그동안 문화 분야에는 지원사업이 없었던 것 같습니다. 문화체육관광부에서도 도서·산간 지역을 문화취약지역으로 분류해서 여러 가지 지원은 하고 있지만, 본격적으로 해양문화를 탐색하거나 발굴하거나 활용하는 것들을 계획에 뚜렷하게 담고 있지는 않아요. 인천시 차원에서도 해양·섬 설화 그림동화 제작이라던가, 섬마을밴드 사업, 찾아가는 문화공연 정도의 사업은 진행해오고 있으나, 본격적으로 해양문화의 가치를 발굴하고 그것을 지역과 연

바다를 등진 해양도시

계하는 사업은 없었던 것 같습니다. 향후 해양문화 분야에서 연구를 한다면, 물론 전통과 유산의 가치도 재발굴해야 하지만, 동시에 현재의 해양자산을 미래자산으로 활용하기 위한 연구도 필요하지 않을까 싶어요. 앞서 말씀하신 것처럼, 인천의 문화재 중에 해양문화와 관련된 유형문화재가 있고, 무형문화재는 훨씬 많아요. 굿이라던가, 노래라던가. 그런데 이런 유무형 해양문화자원들이 다양한 문화콘텐츠로 적극적으로 활용되고 있진 않죠. 가지고 있는 자산들을 어떻게 문화사업과 연계해서 활용할 것인가, 어떻게 교육적으로 활용할 수 있을까에 대한 연구도 필요할 것 같습니다.

김창수 남북평화와 관련해서 인천 앞바다가 또 중요한 역할을 하고 있죠. 여기에서 남북 공동어로라든지, 해양을 평화지대로 설정하는 개념이 있습니다. 남북관계를 진전시키고, 평화정착을 위한 중요한 지대로서, 냉전의 바다를 평화의 바다로 전환시키는 역할을 생각하면서 인천의 해양을 볼 수도 있을 겁니다.

또 하나 장정구 위원장님이 얘기했던 한강하구의 측면에서, 해양이라 할 때 놓치기 쉬운, 이 지역을 기수역이라고 부르죠. 바닷물과 육지의 담수가 섞이는 이 지역이 중요합니다. 그러니까 이런 여러 가지가 함께 어우러지는 지역이기 때문에 특별한 관점이 필요할 것 같아요. 2005년인가에 이 지역에 배를 띄워놓고 선상에서 리영희 교수님이 인천의 NLL에 대해 강의를 하면서, 이 항해를 금지할 수 있는 어떤 규정도 없다고 하셨던 기억이 납니다. 그래서 이 지역에 대한 우리 나름의 새로운 명명이 필요하다고 봅니다. 한강하구라 하면 예성강하구이기도 하고, 임진강하구이기도 한데, 이 지역의 오래된 이름은 '조강(祖江)'이니까, '조강'으로 부르자는 것입니다. 그 밑으로 가면 '염하'로 이어지죠. 그래서 조강과 염하로 새로운 해양 공간을 설정하고 고민해 볼 필요가 있지 않나 싶습니다.

장정구 저는 시기가 참 공교롭다고 해야 할지, 때가 오고 있다고 해야 할지 모르겠네요. 앞서 심진범 박사님이 〈해양공간계획법〉을 언급하고, 또 오늘 저희가 얘기하고 있는 〈해양교육문화법〉이 이제 곧 시행이 되는 거잖아요? 그리고 〈해양폐기물관리법〉도 그제 시행이 됐습니다. 이게 해양 관련 여러 법률들이 지금 시기에 앞다투고 있는 상황이, 결국엔 해양에 많은 관심들이 나오고 있는 상황이라고 봐야 될 것 같아요. 여전히 법률에 미비한 부분이 있는데 그것은 차치하고, 어쨌든 해양에 대한 관심이 예전보다 많아지고 있다는 것은 분명합니다.

바다를 등진 해양도시

제3장

왜 해양문화인가?

해양문화의 개념과 과제

김창수

해양문화와 해양문화정책

최영화

해양문화의
개념과 과제

김창수

해양의 개념

해양(海洋, ocean)의 사전적 의미는 넓고 큰 바다이며, 지구 표면의 약 70%를 차지하는 수권(水圈)인, 태평양·대서양·인도양 따위를 주로 환기한다. 해양은 해수로 이뤄진 지표면으로 수역이나 수심별로 해변, 해안, 연안, 근해, 심해, 원양 등으로 나누어 불리며, 규모에 따라서는 만(灣), 해협(海峽), 지중해, 대양 등으로 나뉘어진다. 해양은 깊이에 따라서는 해수면과 풀등, 해중, 대륙붕, 해저로 구분되며 해저 지형에는 해곡(海谷), 해구(海溝), 해령(海嶺) 등이 있다. 또한 해양은 바다 속의 땅이나 간출지에 해당하는 섬(island), 소도(islet), 암초(rocks) 등의 요소를 포함하고 있다. 「영해법」과 「해양법」에 의하면 섬은 수면으로 둘러싸인 만조 시 수면 위에 있는, 자연히 형성된 육지 지역(a naturally formed area of land, surrounded by water, which is above water at high tide)으로 정의되

고 있다.[1]

섬은 수면으로 둘러싸여 있으므로 "모든 섬은 자체의 영해를 갖는다. 섬이란 수면으로 둘러싸인 육지로서 통상적으로는 만조시 수면상에 영구적으로 존재"하는 땅이기도 하다.[2] 섬은 육지부의 면적과 형성 과정으로 정의되기도 하는데 "섬은 면적 1㎢ 이상의 자연적으로 형성된 육지지역"이라고 보는 관점이 그것이다.[3]

구분	사례	비고
수역별	거리: 해변 해안 연안 근해 심해 원양 넓이: 만 해협 지중해 대양)	영해 배타적경제수역 공해
수심별	해상 해면 풀등 해중 대륙붕 해저면 해저토양 해곡(海谷) 해구(海溝) 해령(海嶺)	
요소별	바닷물 섬 소도(islet)나 암석(rocks) 및 간출지 (low-tide-elevation)[4]	
생태계	해양동물 해양식물 해양미생물	
경계면	항구 포구 간석지 강하구 기수(淇水)역 갯벌 갯티 염전	친수공간 (water front)
기타	조석 해류 파도 해풍	에너지

해양문화란 해양을 기반으로 하는 문화를 말한다. 해양문화라는 용어는 대양적 의미보다는 해안을 끼고 있는 해안, 연해, 근해 등을 기반으로 하는 문화를 총칭하는 개념으로 이해되어 왔으며, 섬 역시 해양문화의 중심이라 할 수 있을 정도로 중요한 위치를 점하고 있다. 이는 문화라고 이르는 것 자체가 해안이나 섬사람들의 생활사와 밀접한 관련을 갖고

---

1 1958년 영해법 제10조 1항 및 1982년 신해양법 121조 1항 참조

2 ILC Draft, Article 10,(1956) II, ILC YB 257.

3 Draft Articles on the Regime of Islands

4 Draft Articles on the Regime of Islands 1975

바다를 등진 해양도시

있기 때문이며, 해양문화는 주민의 생활 근거지인 해안 및 연근해를 그 대상으로 생성되고 발전되어 왔다.

해양문화에 관한 최근의 논의들을 살펴보면 외향적 국제성, 개방성 등의 태도와 정신을 강조하는 경향이 있다. 이 경우 대개 고대의 해양사나 국제무역, 장보고·이순신과 같은 해양 영웅의 활동을 강조한다. 특히 해양사에 대한 최근의 성과를 통해 해양과 연계된 역사적 사건이나 무역활동, 영웅들의 활동을 새롭게 조명하게 되었다. 그러나 해양문화를 다루면서도 문화적인 측면보다 영웅 서사 중심 등의 외향적 가치 편중은 재고될 필요가 있다.

해양문화는 도서문화, 바다문화, 도서해양문화, 섬 문화, 해안문화 등과 구별되어 사용하기도 한다.[5] 도서문화, 연안문화, 섬 문화, 해안문화, 해양문화 등이 각기 다른 부분을 지목하는 것은 맞지만 별개의 사실들을 지칭하지는 않는다. 용어에 대한 선호도나 논의의 성격, 상황에 따라 방점을 달리하면서 적용될 뿐이다. 따라서 이들 모두 '해양문화'라는 범위 내에서 논의될 수 있다.

해양문화는 인류문화의 중요한 구성 부분이자 인류가 만들어낸 정신적 성과와 물질적 성과의 총화이다.[6] 즉 국가 전 해역인 바다, 연안 및 섬 지역을 토대로 형성되고 축적된 유형문화유산 뿐 아니라 여러 삶의 형태와 양식, 관습, 풍습 등의 무형문화유산을 포함된다. 따라서 해양문화에 대한 범주는 물질문화에서부터 정신문화에 이르기까지 넓고 다양하다.

삶의 조건이자 환경으로서의 바다는 '뭍'과는 다른 특징적인 생활영역들을 만들어낸다. 바다를 끼고 있는 연안지역과 도서지역은 자연 조건

---

5 이 중 가장 많이 사용되는 도서문화와 해양문화는 비슷하면서도 다르다. 도서문화는 섬의 공간성 및 도서적 제 조건과 문화 전승의 상관성에 대해 주목하고, 후자에서는 바다라는 공간성 및 해양성과 관련된 문화 전승의 특징을 주목한다(이경엽, 「한국 도서·해양민속 연구의 시각과 쟁점」, 『도서문화』제32집, 국립목포대학교 도서문화연구원, 2008, 4쪽).

6 김태만 외 역(1999), 『바다가 어떻게 문화가 되는가』, 산지니, p.47

의 특성에 적용된 생업방식과 의식세계를 보여준다. 갯벌의 생태나 물때의 변화에 따라 어패류를 채취하고 고기를 잡는 적절한 시기나 방법들이 마련되고, 변화무쌍한 바다 생활 속에서 수용된 초월적 존재에 대한 종교적 관념을 통해 삶의 태도를 규정하기도 한다. 이와 같은 양상은 도서·해양문화의 특징이라고 할 수 있다.

생활사 관련 주제는 인간의 모든 행위와 사고의 범위 안에서 찾을 수 있기에 매우 광범위하다. 해양문화에서 주목하는 생활사는 바다를 매개로 성립되고, 전승되어온 주민들의 생활양식이다. 생활사의 영역 가운데 해양생활사가 주목하고자 하는 것은 다음과 같다.[7] 첫째 자연과 환경이다. 인간이 자연과 환경에 순응하면서도 한편으로는 자신들의 목적과 의도에 맞게 이를 변형시키기도 한다는 점이다. 따라서 근현대 자연인식의 변화양상과 자연 변형 및 보존에 대한 역사적인 사실 및 경험, 생태적 적응과 기술 발전의 양상, 자연환경에 대한 인지방식 등이 여기에 포함된다. 둘째로 삶과 일이다. 삶과 일에서는 사람들의 삶의 터전과 일, 그리고 일을 바탕에 둔 사회적 관계를 연결 짓는다. 삶의 터전은 생존을 위한 생업활동과 이에 연결된 여가, 다양한 사회적 행위와 의례, 놀이 등이 함께 어우러지는 현장이다. 따라서 일의 성격과 역사적 변천과정, 주기성, 생산수단의 귀속과 생산물 전유 등의 생산관계 등이 연구대상이다. 특히 해양문화에서 중점적으로 다루어야 할 주제는 바다라는 삶의 터전에서 성립되고 전승되어온 주민들의 생활양식이다. 그러므로 해양 생태계와 그것에 적용된 다양한 의식주 생활, 고기잡이, 어구, 해양신앙,

---

7 생활사의 주제와 범위에 대해서는 20세기민중생활사연구단의 주제 분류를 참고하였다. 20세기 민중생활사연구단에서는 자연과 환경, 몸과 마음, 삶과 일, 놀이와 일, 가족과 이웃, 마을·고을·나라, 여성과 아동, 사람의 종류, 공간과 교류, 세월과 신세타령으로 영역을 나누었다(함한희, 「생활사 연구와 아카이브의 활용」, 『영남학』 2008권 14호, 경북대학교 영남문화연구원, 2008).

바다를 등진 해양도시

해양민요, 해양설화, 그리고 해양문학과 해양예술 등을 다루게 된다. 어민의 생활사가 주요연구 대상이라고 할 수 있다. 구체적으로 나열한다면 주민들이 일상생활에서 구축한 다양한 요소들, 예를 들면 주민들의 어촌계 관행, 뱃사람들의 생애 이야기, 여성들의 생애이야기, 기후나 물 때 등 어로 환경에 대한 다양한 인지들, 고기잡이에 대한 지식과 경험들, 선박에 대한 지식과 항해경험, 의식주로 표현되는 일상적 삶, 어로 수확물을 처리하는 다양한 방식과 과정, 어촌 주민들이 쌓아온 신앙과 의례, 민요와 설화들이다.[8] 이들을 문화 자원이라는 시각에서 포착하고 분석해보면 새로운 시각과 전망을 발견할 수 있다.

해양문화자원과 그 범주

문화자원(cultural resources)이란 주어진 문화를 대표하는 문화체계의 물질적 혹은 비물질적 성격을 함께 가리키는 말이다. 즉 사람들, 문화, 그리고 사람들의 활동 등과 관련된 유적, 유물, 건축물 및 역사적인 자료, 그리고 이것들을 해석하는 데 필요한 기본적인 문헌과 구전 자료를 포함한다. 이러한 문화자원은 형태에 따라 유형과 무형으로 나뉜다.[9] 유형문화자원은 고고유물·유적, 불교유물·유적, 유교유물·유적, 생활유물·유적 등, 전통민가, 자연 및 경관자원, 여가 공간 등이다. 무형문화

8　나승만, 「서남해역의 해양문화자원 활용방안」, 『도서문화』제21집, 국립목포대학교 도서문화연구원, 2003. p.372.

9　문화자원을 유형문화와 무형문화로 대별해서 설명할 수 있는 있지만 완벽한 구분법이라고 보기는 어렵다. 임재해는 문화를 그 형태에 따라 유형과 무형으로 나누어 제각기 이해하는 것도 문제라고 전제한 후 무형문화와 유형문화, 또는 정신문화와 물질문명이 서로 유기적으로 연관되어 있으며, 무형문화에 의해 유형적인 물질문화가 생성된다고 주장했다.

자원은 생태환경에 대한 인지체계, 도서주민들의 생애사, 방언, 생업기술과 도구, 의식주생활, 민속신앙, 세시풍속, 일생의례, 민속연희와 놀이, 구비문학, 사회구조, 문화적 삶의 공간 등이다.[10]

해양문화란 해양을 기반으로 생활해온 인류가 형성한 문화를 말한다. 해양문화라는 용어는 해안을 끼고 있는 해안, 연해, 근해 등을 기반으로 하는 문화를 총칭하는 개념으로 이해되어 왔으며, 섬 역시 해양문화의 중심이라 할 수 있을 정도로 중요한 위치를 차지하고 있다.

해양문화자원은 크게 해양사 해양문화자원과 생활사 해양문화자원으로 구분할 수 있다. 해양사 문화자원은 자연사 문화자원과 해양사, 선사시대 문화자원과 해양사, 해운과 해양사, 대외교류와 해양사, 해전과 해양사, 도시와 해양사 등으로 나눌 수 있다.[11]

■ 해양문화자원의 범주

구분	해양 문화 유형	학제
해양역사	해양 자연사: 지질시대 및 선사시대 해양사/해양경관 지형 지질 해양동물 해양식물	지구과학
	해양 전쟁사 (해양방어체제,해전)/해양교역사	역사학
	해양 도시사 (포구와 항구 등 해양도시)	사회사
해양생활사	어촌생활 문화자원(어촌사회,어촌문화)	민속학
	어로 문화자원(어로환경,어로기술,항해기술)	민속학
	해양생활 정신문화자원(해양의례,해양민요,해양설화, 해양문학 해양예술,주민생애사)	민속학 문예학 문화학

주 : 이 범주는 나승만(2010)의 분류에 의거하되, 명칭의 간결함을 고려하여 정신과 해양생활사문화자원은 정신문화자원으로, 어업과 해양생활사는 어로문화자원으로, 도시와 해양사는 해양도시사로, 해전과 해양사는 해전사로 재명명함. 해양문학과 예술은 시기상으로는 현대, 주민이 아닌 직업적 작가에 의해 창작된 것도 포함된다.

10 홍순일, 「한반도 도서지역 문화자원의 등재적 접근 : 구비전승물을 중심으로」, 『도서문화』제34집, 국립목포대학교 도서문화연구원, 2009. p.283.

11 이원갑, 『해양관광 활성화를 위한 해양문화콘텐츠 활용방안 연구』, 한국해양수산개발원, 2010. 46쪽.

생활사 문화자원은 크게 주민과 해양생활사 문화자원, 어업과 해양생활사 문화자원, 해양생활사 정신문화자원 등으로 분류할 수 있다. 이러한 구분에 의하여 해양문화자원의 범주를 제시하면 다음 표와 같다.

이 중 해양생활사 정신문화자원은 가장 순수한 해양생활사 문화를 포함하고 있다. 해양의례는 공동체의 안녕과 풍어, 어민의 어로 안전을 기원하는 제반 의례로써 마을신앙, 뱃고사, 풍어제 등을 들 수 있다. 해양민요는 바다를 생업 터전으로 삼아온 어민들의 삶과 정서가 표출된 결과이다. 뱃노래, 고기잡이요, 주대소리 등이 해양민요에 속한다.

해양문화자원 중에서 문화콘텐츠로의 활용도가 가장 높은 해양설화는 신화, 전설, 민담을 포함한다. 섬의 형성이나 날씨의 예측, 입도조(入島祖)의 유입, 신앙전설, 어업활동 등에 관한 내용이 주를 이룬다. 해양문학은 해양을 대상, 주제로 삼거나 해양 체험을 소재로 한 문학이다. 이 외에 해양을 터전으로 생활해온 주민의 생애사, 직접적인 바다 체험이 해양활동으로 역사적 업적을 남긴 해양인물, 해양생활과 관련된 독특한 언어현상인 해양언어, 민속과 관련된 금기(taboo) 등도 검토 가능한 대상이다.

■ 주요 해양생활사 정신문화자원 소재 구분

구분	학제
해양의례	별신굿, 용왕제, 하당제, 대동굿, 풍어제, 도당굿, 띠배놀이, 뱃고사 등
해양민요	뱃노래, 갯가노래, 주대소리, 고기잡이요 등
해양설화	신화, 전설, 민담 등
해양문학	해양시, 해양소설, 해양수필 등
주민생애사	어부, 뱃사람들, 항만 노동자, 선박 목수 등의 생애사

인천 해양생활 정신문화자원 현황과 특징

1. 해양의례

해양의례는 어업을 주업으로 삼는 지역에서 생성되어 유지되는 의례형태를 말한다. 즉 어업을 기반으로 생활하는 사람들이 바다에서의 안전과 생업의 번창을 기원하며 행하는 종교 행위이다. 그러므로 해양의례를 통해 초자연적 존재에 대한 그들의 관념과 그것을 통한 풍요 기원의 지향성을 읽어낼 수 있다.

인천의 해양의례에서 가장 중요한 역할을 했던 곳은 낙섬이다. 『仁川府邑誌』에서는 낙섬을 "도호부 서쪽 12리길에 있는 섬에는 여러 섬의 신들에 제사를 모시는 단이 있다. 봄가을로 섬의 바위와 바다와 도랑에 재를 올리는

출처 : 인천광역시 미추홀구, 원도사제 낙섬축제(오른쪽 위)
인천광역시 미추홀구, 2020년 온라인 원도사제(오른쪽 아래)

바다를 등진 해양도시

데, 수령이 몸소 제를 지낸다."고 설명하고 있다. 임경업이 신앙의 대상으로 자리 잡기 전부터 서해안 의례를 총 주관했던 곳이 낙섬이었다고 여겨진다.

인천의 어민들은 안전과 풍요를 위해 바다의 신에게 제를 지내고, 신을 즐겁게 해주기 위해 굿과 고사를 정기적으로 거행하였다. 뱃고사에서 '애기씨 서낭'을 모시는 점과 '배연신굿'이라는 독특한 굿이 행해지는 점, 조기와 관련하여 마을마다 임경업장군 당(堂)이 모셔지고 있는 점이 특징적이다. 조선 시기의 실존 인물인 임경업장군은 주로 해안 마을에서 집중적으로 나타나고 있다. 인천에서 임경업 신격이 확인되는 지역은 대청도의 선진항, 연평도, 덕적도, 문갑도, 강화도 일대, 옹진군 북도면 모도 지역 등이다. 특히 연평도는 조기잡이 '메카'로서 대대적인 파시가 형성되었던 곳이며, 그에 따른 임경업신당의 전국적 분포와 확산을 이루었던 임경업 신앙의 진원지라 할 수 있다. 풍어와 마을의 평화를 목적으로 하는 대부분의 제의에서 임경업 장군이 신으로 모셔지고 있다.

해양의례 중에서 인천을 대표할 만한 의례는 배연신굿이다. 선상(船上)에서 펼쳐지는 배연신굿은 다른 풍어굿에 비해 풍부한 극적 구성과 다채로운 볼거리가 많다. 배연신굿의 이러한 특색들은 제의적 측면보다 연희적 측면을 부각시켜 축제적 성향을 강하게 하는 요인으로 작용한다.

■ 2015년 김금화씨 배연신굿

출처 :『연합뉴스』, 2015.4.19.

■ 2019년 소래포구 배연신굿

출처 :『경인일보』, 2019.7.7.

"소리와 춤과 재담이 잘 다듬어서 연출한 것만큼 멋있게 구성된 축제"로 평가받는 배연신굿은 인천 해양의례 중에서 가장 활용도가 높은 문화자원이라 할 수 있다.

2. 인천 해양민요

해양민요는 바다, 섬, 연안에서 바다 작업을 하거나 놀 때 해양민들이 부른 민요다. 해양민요는 바다와 섬 연안 등 해양생활권에서 해양생활의 속성이 담기며, 해양주민들이 주체가 되어 부른 노래이기 때문에 뱃노래와 같은 것은 오직 해양에서만 들을 수 있다. 그래서 해양민요의 범주를 해양노동민요, 해양문화권에서 기원한 민요, 해양소재민요로 정한다. 해양노동민요에는 뱃노래, 해초채취노래, 마장박기노래 등이 있고, 해양문화권 기원 민요는 어류나 배, 해초, 갯벌 등 해양의 정체성을 지닌 소재를 민요화한 것들이다. 이 글에서는 주로 해양노동민요와 해양소재민요 중 뱃노래와 어류 소재 노래만을 자료로 서술한다.

인천지역 해양민요는 크게 주대소리, 뱃노래, 갯가노래, 젓잡이소리, 염전요로 나눌 수 있다. 주대소리는 배에서 쓰는 줄을 꼴 때 부르는 소리이다. 뱃노래는 뱃일을 하거나 배에서 어물을 내리거나 퍼서 담을 때에 부르는 소리이다. 갯가노래는 주로 부녀자들이 작업을 하면서 부르던 군음과 잔치나 노래 때 부르는 노래인 나나니타령을 묶은 것이다. 부녀자들은 조개를 캐거나 여타의 노동을 할때 갯가노래를 부른다. 두루메기 젓잡이소리는 새우젓 작업을 할 때 부르는 소리이며, 염전요는 염부들이 염밭 작업을 할 때 부르는 소리이다.

인천의 해양민요 중 가장 대표적인 것이 조기잡이 과정에서 불리던 배치기소리이다. 배치기소리는 출어 전에 풍어를 기원하면서 만선하여 돌아오는 선상에서 그리고 만선 귀항하여 선주집 마당에서 한 데 어울려 부르는 노래이다. 풍어를 기원하는 제의 현장과 만선 후의 풍장 놀이 과정에서 연행되므로 축제 유희요적 성격도 지닌다. 강화도 일대에서만 전승되는 한강시선뱃노래도 인천을 대표하는 해양민요로 꼽을 수 있다. 강화의 특성을 반영한 노랫말과 한강변의 풍경과 물살에 대한 가사가 특징적이다. 해양민요와 전통 놀이를 결합시킨 시선뱃노래·놀이는 인천과 강화를 대표하는 문화자원으로 내세울 수 있으며, 다양한 콘텐츠로의 개발이 가능하다고 할 수 있다.

3. 인천 해양설화

신화, 전설, 민담을 포함하는 해양설화 자원 가운데 우선적으로 주목해야 할 것은 전설이다. 전설은 신화나 민담과는 다르게 특정 지역 단위로 전승된다. 따라서 특정 지역의 특성을 잘 간직하고 있다. 전설은 그 지역의 역사적 사건이 문학적 상상력으로 형상화된 것이며, 그 지역에 구체적 증거물을 가지고 있고, 그 지역 사람들의 의식을 집결시켜 온 문화자원이다. 전설의 증거물은 어떤 역사적 사건에 대한 기념비적 성격을 가진다고 하겠다. 그 기념비(증거물)에 기록되어 있는 눈에 보이지 않는 언어는 그 역사적 사건에 대한 지역민의 인식이다.

해양설화에는 지역민의 역사 인식이 담긴 소중한 문화자원이다. 신화는 국가 단위로 전승되는 이야기이고, 민담은 전승 범위에 제한이 없기에 신화나 민담으로써는 특정 지역의 문화적 특징을 포착하기 어렵다. 다만 마을 단위로 존재하는 그 마을의 유래담, 그 마을의 시조에 관한 이야기, 그 마을의 서낭당 유래담은 신화적 성격을 가지고 있으나 전승 단위는 마을이기에 문화자원으로서 주목 대상이 된다.

인천의 설화는 시지 및 연구단체의 보고서, 전문가에 의해서 재구성된 설화모음집 등에 수록되어 있다. 인천 전역의 설화전승 현황을 개괄적으로 읽어낼 수 있는 자료로 대표적인 것은 『한국구비문학대계』와 『강화구비문학대관』, 『우리 고장의 지명과 유래』 등이다.

인천지역에 전승되는 해양설화는 서해안 섬이 형성된 유래담이 주종을 이루고 있다. 또한 산, 섬, 골짜기, 바위 등의 형성과 소멸에 관련한 설화가 많다. 자연의 형성과 관련한 설화 중에서 가장 특징적인 것은 망구할매설화이다. 덕적군도에 사는 망구할매가 산을 쌓다가 무너지자 주먹으로 쳐서 각흘도와 선단여가 생겼다는 것이다.

■ 옹진군 덕적군도 선단여

출처 : 김창수 직접 촬영

인천해양설화의 또 다른 특징은 인간의 힘으로 바다를 육지로 바꾸었다는 이야기와 같은 해양개척담이 많다. 운하 공사의 실패로 바닷물을 막았다는 장자골 유래, 전조창의 설치로 바다가 육지화 되어 주민들이 밭을 일구게 되었다는 도촌과 노염밭 이야기, 지나가던 중을 희생시켜 바닷물을 막는 둑을 쌓았다는 선두포둑 유래, 강화도 선두리에 살고 있는 황장사가 돌을 옮겨 바닷물을 막았다는 선두리 유래가 대표적이다.

인천해양설화에서 가장 많은 분포를 보여주는 유형은 임경업 신앙과 관련된 조기잡이 유래담, 뱃사공 손돌의 죽음에 얽힌 손돌 추위의 유래담 등과 같은 어로관련 설화이다. 조기잡이와 임경업 장군 유형 설화가 전승되는 지역은 과거 조기 어업에 참여하였거나 임경업을 신격으로 모시고 있는 지역이다. 손돌 이야기는 손돌 추위에 관한 유래담이자 김포군과 강화군 사이에 있는 손돌목이라는 여울의 지명유래담이다. 염하의 강한 풍랑과 물살, 그리고 혹한으로 많은 사람들이 죽은 손돌목 지역에 대한 강화 주민들의 공포가 손돌이라는 풍신(風神)을 만들어낸 것으로 볼 수 있다. 손돌 이야기는 풍신에 대한 숭배를 통해 뱃길의 안전을 도모하고자 하는 강화 지역민들의 신성 관념을 반영하고 있다.

■ 제786주기 손돌공 진혼제(2019)

출처 : 김포시

소결

해양 인식과 해양의식의 확장과 심화

해양문화란 해양을 기반으로 생활해온 인류가 형성한 문화를 말한다. 그래서 주민이 거주하며 해양생활을 영위해온 도서지역은 해양문화의 중심이라 할 수 있을 정도로 중요한 위치를 차지하고 있다. 그러나 해양문화라는 용어는 해안을 끼고 있는 항구와 해안, 만, 연해, 근해, 심해와 원양 등을 기반으로 하는 문화이며, 지질시대에서 선사시대 근현대 해양사를 총칭하는 개념으로 이해해야 한다.

해양문화자원의 중요성에 대한 재인식

해양문화자원은 인천 문화의 특성을 이루며 그 자체로 중요한 문화콘텐츠일 뿐 아니라 문학과 예술을 비롯한 다양한 문화 창조의 원형질이다. 해양성과 해양문화가 인천의 정체성 혹은 로컬리티를 구성하는 핵심적 요소임에도 불구하고 해양문화에 대한 연구는 체계적으로 이뤄지지 않았다. 그 의의와 중요성에 대한 인식이 높지 않았기 때문이다.

해양문화에 기반한 지역의 재기획

최근 도시가 가진 고유성과 전통을 활용하여 문화적으로 지속가능한 방식으로 도시 공간을 재기획하는 것이 새로운 패러다임으로 자리 잡고 있다. 해양문화 자원은 낙후한 인천의 원도심 지역을 고유성과 장소성에 기초하여 재생하는데 있어서도 주요한 자원이 된다. 특히 송도와 청라 영종 지구와 같은 경제 특구의 신도시 개발과 인천항 친수공간 개발 등과 같은 수변공간(Water-front)조성에 인천의 해양문화자원은 적극적으로 활용되어야 할 것이다. 서해안의 도서지역을 해양관광지로 조성하는 사업을 추진할 때에도 마찬가지이다.

해양문화자원 활용 정책

인천 지역에 전승되고 있는 해양생활사 문화자원 가운데 정신문화와 관련된 해양의례, 설화, 민요, 문학 등의 자료를 수집하여 그 특성을 검토하고, 인천을 비롯한 국내외 도시에서 해양문화자원을 활용하는 사례를 분석하여, 향후 인천시의 해양문화자원 활용 정책이 수립되어야 한다.

해양 축제 평가와 재기획

기존 해양축제를 평가하고 해양생활사 문화자원의 활용 계획이 수립되어야 한다. 인천의 해양관련 축제는 풍어제를 제외하면 해양문화자원을 활용하지 못하고 있다. 특히 연평도를 비롯한 서해안 대부분의 지역에서 임경업 장군은 풍어를 기원하는 제의에서 조기잡이의 신 혹은 어업의 신으로 숭배되고 있음에도 불구하고 해양축제에서 이를 적극적으로 활용하지 못하고 있는 실정이다. 기존의 인천 해양 관련 축제 현황을 조사 평가한 다음 해양문화자원 관련 프로그램의 도입 방향을 제시하고 인천의 대표 해양축제를 재기획할 필요가 있다.

[보론] 해양 문화자원화 단계와 추진 방안

해양생활사 정신문화자원이 실질적으로 인천 지역의 핵심 문화콘텐츠로 활용되기 위해서는 ① 해양생활사 문화자원 원형의 발굴·수집 → ② 원천자료의 다양하고 복잡한 의미 분석을 고려한 DB 구축 → ③ 스토리텔링을 통한 2차 콘텐츠 재구성 → ④ 새로운 미디어와 구현기술을 통한 파생 콘텐츠 생산이라는 콘텐츠 개발 과정을 거쳐야 한다. ①, ②의 단계가 원천콘텐츠의 수집과 분석이라면 ③, ④는 원천콘텐츠의 가공과 응용에 해당한다. 각 단계를 거치면서 산만하게 나열되어 있는 내용물이 조직화되고, 특화된 내용물로 재구성되어 간다고 볼 수 있다.

1단계는 문화자원화 초기 단계로 본격적인 문화자원 수집과 활용 사업을 위해 필요한 기본연구를 수행한다. 원천자료의 발굴·수집·조사와 문화콘텐츠로의 활용을 위한 기본방향 및 기본 틀을 연구하고, 유용성 및 지역문화정책 기반 활용도를 검토하는 것이다. 대내외적으로 문화자원의 발굴·수집·조사의 유용성과 문화콘텐츠의 비전을 공유하고 그 필요성을 알리는 것이 중요하다.

문화자원의 발굴·수집·조사와 콘텐츠 제작·활용에 필요한 예산과 전략, 구축 기관 등을 준비해야 한다. 문화자원화 개발 사업의 추진 주체는 국가, 지방정부, 민간업체가 될 수 있다. 국토해양부에서 진행한 장보고 기념사업이나 한국콘텐츠진흥원에서 추진한 문화원형 디지털 콘텐츠화 사업 등을 확대하여 예산을 마련할 수 있으나 별도의 사업비를 따로 측정해야 한다는 부담감이 있으므로, 이들 사업과는 별개로 사업기금을 마련하고, 문화자원 개발사업계획을 수립할 필요가 있다. 중앙부처가 인천광역시를 지원하는 방향으로 해양생활사 정신문화자원화 사업, 더 나아가서 해양문화 전체의 자원화 개발 사업이 요구된다고 할 수 있다.

2단계는 조사·수집된 인천지역의 문화자원을 데이터베이스를 구축하는 단계이다. 수집된 자료들을 데이터베이스화함으로써 향후 콘텐츠 활용에 적극적으로 활용될 수 있도록 한다. 이 단계에서는 기초연구를 바탕으로 데이터베이스 구축에 필요한 관련 규정을 정비하고, 관리시스템 또한 개발한다. 인천 데이터베이스 관리시스템을 위해서는 별도의 용역을 발주하는 것이 필요하다.

3단계는 본격적인 콘텐츠 제작 단계이다. 영화, 게임, 애니메이션 등의 문화콘텐츠로 활용될 수 있도록 원천콘텐츠의 스토리를 재구성하고 기획하는 단계이다. 또한 2단계에서 구축된 데이터베이스를 통합하는 체계를 개발하고, 각 운영체계 타당성을 검토하는 단계이다. 이 단계에서는 콘텐츠 전문 제작 업체에서 수행하는 것이 타당하다.

4단계는 콘텐츠의 활용 단계이다. 앞서 구축된 데이터베이스를 활용하는 사업을 개발하고, 온오프라인 서비스개발 및 운영하는 단계이다. 축제, 관광, 게임, 애니메이션, 모바일 등에 제작된 콘텐츠가 활용될 수 있으며, 그 자체가 하나의 상품으로 소비된다.

■ 강화도의 간척과 해안선 변화

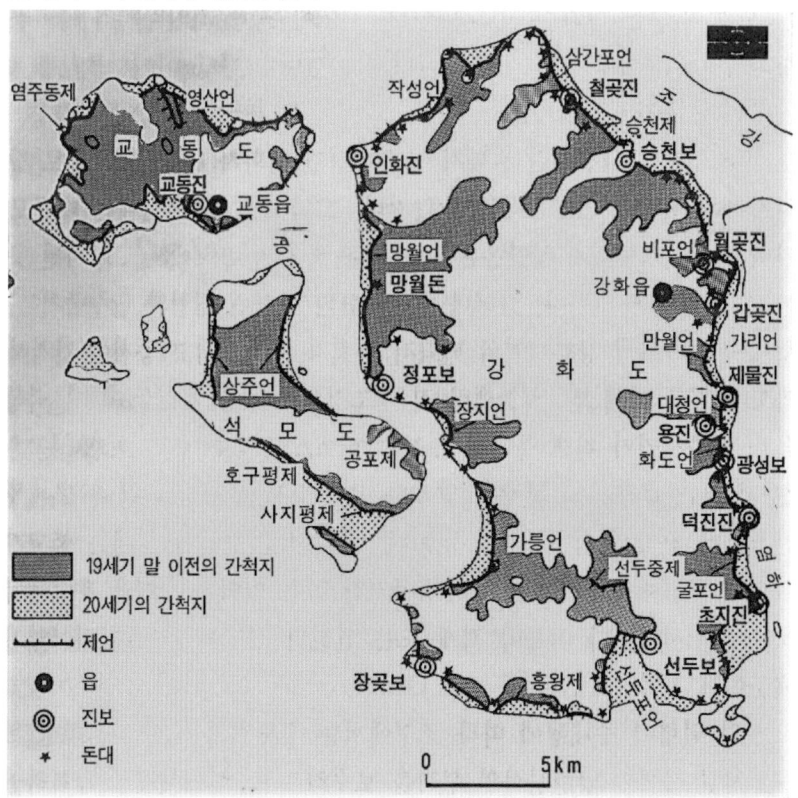

출처 : 최영준 『국토와 민족 생활사』

해양문화와
해양문화정책

최영화

해양문화의 개념

해양문화의 관한 법적 개념과 학술적 개념 그리고 그 개념으로부터 도출할 수 있는 시사점을 먼저 검토해 보자. 〈해양교육 및 해양문화의 활성화에 관한 법률〉(이하 '해양교육문화법')에 따르면 해양문화란 "해양과 인간의 상호작용으로 나타난 정신적·물질적 산물의 총체로서 해양과 관련하여 지금까지 전승되어 온 전통과 유산 그리고 생활방식 등을 지속적으로 보존·계승하여 해양을 활용하여 보고, 즐기고, 체험할 수 있는 모든 인간 활동"이다.

다음으로 기존 학술연구에서 해양문화가 어떻게 개념화되고 있는지 살펴보도록 하자. 분야별로 해양문화의 개념은 크게 다섯 가지로 구분할 수 있다. 우선 역사 및 유산과 관련된 연구들이 있다. 바다와 관련된 관습이나 제도, 지식체계 그리고 해양사를 바탕으로 한 도서문화, 섬과 연안 중심의 선조들의 해양활동 등 유무형의 해양문화유산에 대한 연구들을 진행하면서 해양문화라는 용어를 사용하고 있다.

두 번째로는 인문학 연구인데, 여기에서 바라보는 해양문화에 대한 관점은 육지문화와 대비되는 해양세계의 문화, 그리고 섬과 바다를 삶의 터전으로 살아가는 사람들의 생활방식, 행동방식, 사고방식에 의해 만들어진 가치와 규범, 아울러 해양문화콘텐츠 개발 및 확산 등을 연구하면서 해양문화라는 개념을 사용한다.

세 번째로는 생태 관련 연구에서 생활문화를 바라보는 관점이다. 해양생태환경과 변화, 도서 생태환경 속 생활과 문화, 갯벌생태 변화, 어촌어민의 공동체 문화 등을 탐구하면서 해양문화라는 개념을 사용한다.

네 번째로 관광 관련 연구에서는 관광자원으로서 해양문화 그리고 해

■ 해양문화 관련 선행연구 동향

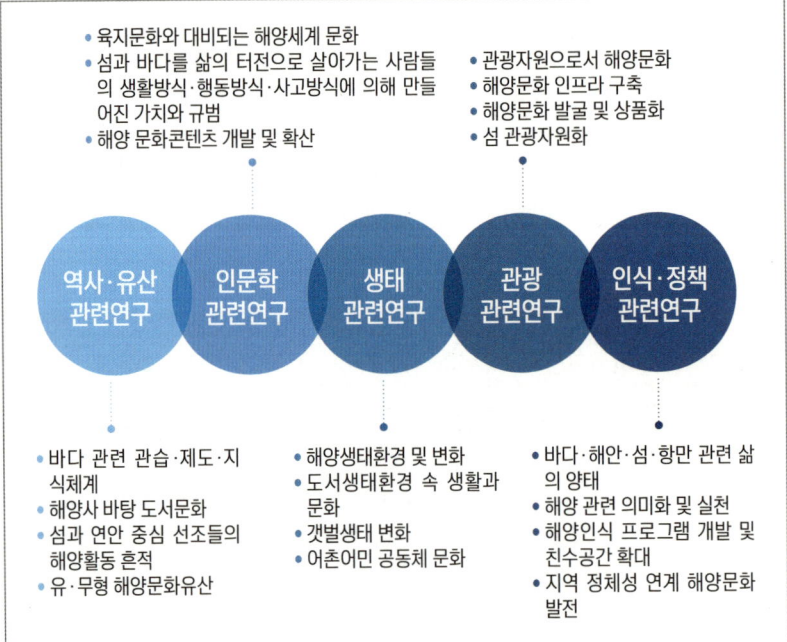

바다를 등진 해양도시

양문화 인프라와 관련된 내용들, 해양문화 발굴과 상품화, 섬 관광자원화를 의미할 때 해양문화라는 개념을 사용하고 있다.

마지막으로 정책이나 인식과 관련된 연구에서는 바다, 해안, 섬, 항만 관련 삶의 양태를 지칭할 때 사용하고, 해양과 관련한 어떤 의미화 과정, 그리고 정책적인 실천 등을 의미할 때 해양문화라는 개념을 사용한다. 또 이것을 토대로 해양과 관련된 대중들의 인식을 개선하기 위한 프로그램을 개발, 혹은 해양 친수공간을 확대하고 활용을 지원하기 위한 연구들이 진행되었다. 한편 지역별로 지역정체성과 연계한 해양문화 발전과 같은 것들을 많이 지칭하고 있기도 하다. 지역 차원에서 해양문화와 관련된 연구는 제주도, 부산, 목포 등에서 많이 이루어졌다.

전체적으로 보자면 해양문화와 관련된 학술연구는 주로 역사·유산 관련 연구나 관광 관련 연구에 집중되어 있다. 특히 섬에 대한 연구가 많이 진행된 반면 생태와 환경에 대한 인식은 많이 부족한 상황이다.

한편 2017년 한국해양수산개발원에서 발간한 〈해양문화 정책 방향에 관한 연구〉에서는 해양문화의 개념을 ①해양을 기반으로 만들어온 전통과 유산 및 삶의 태도로 지속적으로 보전, 활용해야 하는 것, ②해양을 이용하고 보호하고 미래에 대응하기 위해 전통과 유산을 활용하여 현재를 살아가는 사람들의 가치, 규범, 삶의 양태라고 설명한다. 해당 연구에서는 해양문화와 관련한 기존 연구 동향을 살펴보고 핵심적인 키워드와 범주를 아래와 같이 제시하고 있다.

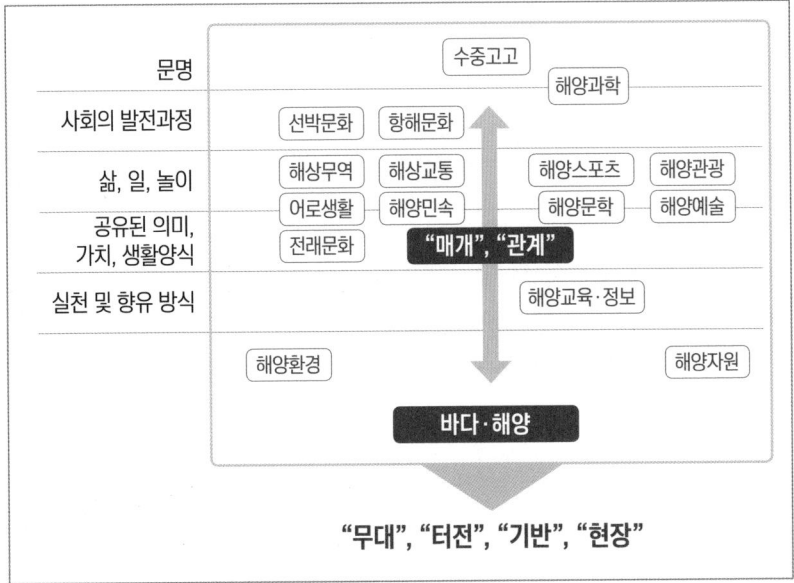

출처 : 해양수산개발원(2017), 〈해양문화 정책 방향에 관한 연구〉, 20쪽.

　기존에 학술연구와 정책연구 분야에서 논의되어온 해양문화의 범주
와 요소를 도식화해보면, 해양문화의 가장 포괄적 범주로서 '해양환경'과
'해양자원'으로 구분할 수 있다. 두 가지 모두 기본적으로 해양을 어떤
삶의 무대나 터전, 기반, 현장으로 바라보고 있다. 해양환경과 해양자원
은 다시 인간의 삶과의 관계 속에서 세분화하여 범주화된다. 실천 및 향
유와 관련해서는 해양문화를 자원으로 삼아 교육이나 콘텐츠를 활용하
고자 하는 방향으로 많은 논의가 진행되고 있다. 또한 생활양식이나 의
미, 가치와 관련해서는 해양으로부터 비롯된 어로생활, 민속, 전래 문화
와 관련된 연구가 이루어지고 있다. 삶과 일, 놀이와 관련된 측면에서는
해양 예술, 문학, 레포츠, 관광 그리고 무역이나 해상교통과 관련된 논의
들이 이루어지고 있고, 사회발전 과정과 관련해서는 항해문화, 선박문화

등의 키워드가 언급되고 있다. 문명과 관련해서 수중고고와 관련된 논의, 해양과학과 관련된 논의가 이루어지고 있다.

〈해양문화 정책 방향에 관한 연구〉의 선행연구 검토 내용을 정리해 보면, 현재 해양문화 연구는 해양과 관련된 문화의 세부적인 요소들, 즉 유물, 인물, 자원, 산업, 생태환경, 생활, 여가, 관광과 같은 것들을 내용으로 하고 있고, 해양문화연구 혹은 정책연구나 학술연구가 지향해야 할 바는 이것들을 보존하기 위한 탐색적인 연구와 전달하고 전파하기 위한 정책적 대안 모색 등이 주를 이루고 있다. 그리고 이를 위해서 국민들을 대상으로 하는 해양문화의 '대중화'와 해양문화를 자원으로 삼아 '산업화'하는 방향이 있는데, 현재 국민적 인식과 관심도가 상당히 낮다고 분석하면서, 인식의 확대를 위한 친숙화 과정이 가장 시급하다는 논의가 이루어지고 있다. 즉 기존 해양문화 연구의 주요 내용은 해양의 가

■ 해양문화 개념의 구축 방향

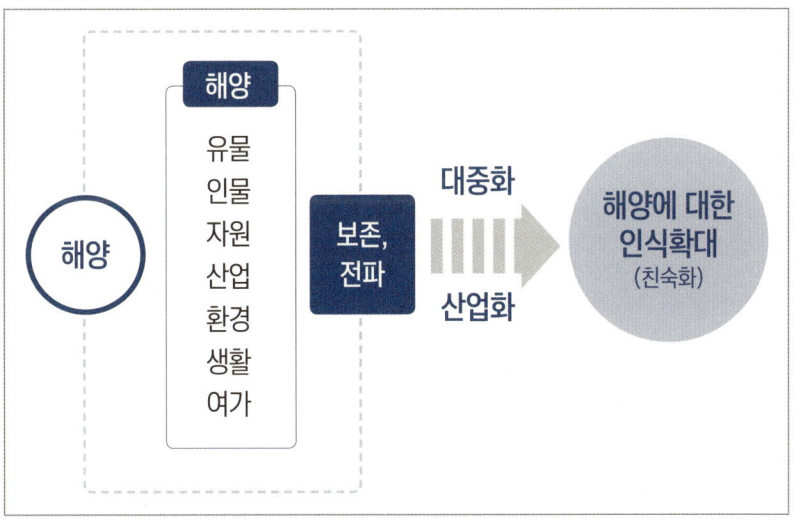

출처: 해양수산개발원(2017), 〈해양문화 정책 방향에 관한 연구〉, 44쪽.

치를 보존·활용하고, 그것을 위해 대국민 인식의 확산을 추진하는데 중점을 두고 있다고 할 수 있다.

해양문화정책 현황

우리나라의 해양문화 관련 정책으로 가장 대표적인 것은 〈해양수산발전기본계획〉과 〈해양관광진흥기본계획〉이라고 할 수 있다. 이들은 모두 〈해양수산발전기본법〉에 근거한 법정계획으로 10년 단위로 수립되며, 현재 2차까지 만들어졌다. 여기서는 해당 계획 중에서도 해양문화와 관련된 내용을 발췌하여 살펴보고자 한다.

1. 해양수산발전기본계획

제1차 〈해양수산발전기본계획〉은 2000년부터 2010년까지를 계획기간으로 하는데, 1차 계획에는 문화나 관광과 관련된 내용이 없었다. 그런데 2003년 노무현 정부가 들어서면서 전면적인 개편을 통해 연동계획(2004~2010)을 다시 발표했는데, 이때 문화·관광과 관련된 사업이 추진 전략으로 보완되었다. 아래 그림에서 확인할 수 있듯이 '해양문화·생태자원의 지속가능한 이용'과 '해양문화·관광 발전여건 조성'을 목표로 하는 인프라 조성, 법·제도 정비, 공감대 형성 등 세부사업이 포함되어 있다.

제2차 계획은 2008년에 정부조직 개편에 따라 타 부처로 통폐합되었던 해양수산부가 2013년에 다시 부활하면서 그 후에 추진되는 과제들을 담고 있는데, 주로 관광 분야에 치우친 계획이라고 볼 수 있다. 해양문화라는 용어를 사용하고는 있지만 사실상 다양한 정책사업들이 제시되어 있지 않고, 해양역사문화자원의 발굴 및 해양의식의 확산이라는 전략 과제가 제시되는 정도에 그쳤다. 인프라와 관련된 부분은 1차 계획을 그대로 잇고 있고, 해양문화축제와 해양교육시범학교 지정 등이 제시되고 있다. 총괄하자면 1차와 2차 〈해양수산발전기본계획〉의 해양문화 관련 정책사업은 해양문화관광 활성화를 위한 인프라 구축과 인식 개선 사업에 중점을 두고 있다고 할 수 있다.

■ 해양수산발전기본계획 중 해양문화 관련 내용

제1차 해양수산발전기본계획 연동계획 (2004~2010)	제2차 해양수산발전기본계획 (2011~2020)

● 해양문화·생태자원의 지속가능한 이용
• 생태·문화자원의 효율적 활용
• 국립 해양박물관 및 지역별 전문박물관 건립
• 항만시설을 친수문화공간으로 조성
• 국민생활과 함께 하는 새로운 해양문화 창달
 	
● 해양문화·관광 발전여건 조성
• 해양관광정보시스템 구축
• 지역별 해양관광교육 프로그램 시행
• 해양관광발전협의회 구성
• 해양지향형 국가발전에 대한 국민적 공감대 형성
• 해양개척정신을 국민의식으로 정착
• 법·제도의 정비
	● 해양문화 콘텐츠의 다양화
	• 해양역사·문화자원의 발굴 및 해양의식의 확산
	  - 해양역사·문화자원의 발굴 및 홍보 통한 해양문화친화성 강화
	  - 해양자원의 보호와 지속적 활용 위한 해양의식 함양사업 추진
	
	• 해양문화 인프라의 보급 및 확산
	  - 국립해양박물관, 국립해양생물자원관의 건립 통한 해양문화 인프라 구축
	  - 해양문화 축제의 육성을 통한 대국민 홍보 기반 강화
	  - 해양교육시범학교의 지정을 통한 해양교육 기반 강화

2. 해양관광진흥기본계획

제1차 〈해양관광진흥기본계획〉은 2003년부터 2013년까지를 기간으로 하는데, 역시 인프라 중심의 정책사업이 많다. '연안친수 문화공간의 조성'과 '어촌관광의 진흥', '해상관광 기반시설의 확충', '해양 레저·스포츠 기반 조성' 모두 인프라 조성과 관련된 사업이 핵심이다. 먼저 '연안친수·문화공간의 조성' 과제의 경우, 세부사업은 연안친수공간의 정비·확충을 지원하고, 해양문화 체험공간을 조성하며, 친수항만을 조성하여 생태·문화관광을 촉진하겠다는 내용으로 구성되어 있다. '어촌관광의 진흥' 과제도 어촌을 어촌관광의 추진 거점으로 육성하기 위한 기반 조성 관련 내용이 제시되어 있다. 해상관광 관련 정책사업 역시 인프라와 관련된 것인데, 항로를 다양화하고 여객선을 현대화하며, 크루즈관광 사업을 지원하겠다는 내용이다. '해양 레저·스포츠 기반 조성' 과제의 경우에는 레저선박의 대중화와 같은 인프라 개선사업 외에 해양 레저·스포츠 육성 및 지원, 레저낚시 활성화와 같은 프로그램 사업도 포함하고 있다.

■ 제1차 해양관광진흥기본계획의 주요 내용

제1차 해양관광진흥기본계획(2003~2013)	제1차 해양관광진흥기본계획 (2003~2013)
● 연안친수·문화공간의 조성 • 연안친수공간의 정비·확충 • 생태·문화관광의 촉진 • 해양문화 체험공간의 조성 • 국민에게 다가서는 친수항만의 조성 ● 어촌관광의 진흥 • 아름다운 어촌을 어촌관광의 추진거점으로 육성 • 어촌종합개발 사업의 관광 부분 투자 강화 • 어촌관광 활성화를 위한 기반 조성 • 내수면관광 기반 조성 • 어촌관광 S/W 지원 강화	● 해상관광 기반시설의 확충 • 항로 다양화 및 여객선 현대화 • 크루즈관광 사업 지원 ● 해양 레저·스포츠 기반 조성 • 레저선박의 대중화 • 해양 레저·스포츠 육성 및 지원 • 레저낚시 활성화

2차 계획은 2014년부터 2023년까지를 기간으로 한다. 추진전략을 살펴보면 문화와 예술이 있는 아름다운 바다관광에 중점을 두고 있다. '해양문화자원 발굴 및 산업화' 전략에서는 인프라 조성보다는 유·무형 해

양문화자원을 발굴하여 활용하는 소프트웨어 사업이 제시되어 있고, 처음으로 해양문화콘텐츠산업에 대해 언급하고 있다. '해양 레저·스포츠 기반 조성' 전략에는 1차 계획을 좀 더 확대하여 지역별 관광특화전략 수립이나 연안도시 축제를 통해 해양문화관광 활성화를 추진하겠다는 내용이 제시되어 있다. '해양문화시설 확충 전략'은 인프라 조성 중심 과제가 제시되어 있고 대체로 1차 계획에도 포함되어 있던 내용이나, 국립해양박물관 외에 지역별로 차별화된 해양문화시설(해양복합체험센터, 해양과학교육관, 해상박물관, 미술관 등)을 건립하겠다는 계획이 보완되었다.

■ 제2차 해양관광진흥기본계획의 주요 내용

제2차 해양관광진흥기본계획(2014~2023)	제2차 해양관광진흥기본계획 (2014~2023)
● 해양문화자원 발굴 및 산업화 • 유·무형 해양문화자원 발굴 - 해양문화자원 복원 및 체험상품 개발 - 해양문화 탐방지도 제작 • 해양문화 콘텐츠 산업 육성 - 해양문화 콘텐츠산업 지원 기반 마련 • 해양문화엑스포 개최 추진 - 해양문화엑스포 준비 및 개최 ● 해양 레저·스포츠 기반 조성 • 지역별 관광 특화 전략 수립 지원 - 도시 브랜드 개발, 스마트 안내 시스템 개발 • 연안도시 축제를 통한 해양문화관광 활성화 추진 - 연안축제 다양화, 이달의 축제 선정 및 연안축제 홍보	●해양문화시설 확충 • 국립해양박물관 운영 고도화 - 전시 프로그램 다양화 및 콘텐츠 지속 수집 - 해외 박물관과의 상호교류 협력 추진 • 지역별로 차별화된 해양문화시설 조성 - 중장기 해양문화시설 확충 로드맵 - 해양과학교육관 건립 - 해상박물관/미술관 등 도입 검토

이렇게 보면 중앙정부 차원의 해양발전계획에 해양문화와 관련된 내용이 들어간 것은 2004년 이후부터라고 할 수 있으니 해양문화의 육성 및 진흥 정책의 수립 시기는 대단히 짧은 편이다. 초창기 계획에는 주로 국

립해양박물관 건립 등 해양문화 인프라 구축, 법·제도적 기반 조성, 그리고 교육 프로그램 확충 등이 제시되어 있으나, 이러한 계획이 실제로 얼마나 실현되었는지에 관해서는 별도의 검토가 필요한 상황이다.

앞으로 해양문화정책을 어떻게 고도화시켜 나갈 것인가에 대해서 많은 고민이 필요하다. 현재는 정책 방향이 관광 분야에 많이 치우쳐 있는데, 관광 이외에 해양문화정책이라고 한다면 어떤 것들을 중점적으로 추진해야 할지 그 영역을 좀 더 고민할 필요가 있다. 또한 문화정책의 틀에서 해양문화를 수용할 필요도 있어 보인다. 아무래도 현재의 해양문화 주무 부처인 해양수산부에서 추진하는 해양문화정책은 기존 문화정책(지역문화, 생활문화, 문화예술 등) 및 문화자원(시설, 인력, 자원 등)과의 연계 부분에서 한계가 있어 보이기 때문이다. 기존의 문화정책 및 문화자원과 연계하여 해양문화정책을 어떻게 추진할 것인가에 대한 논의가 이루어져야 할 것이며, 해양문화정책의 추진과 관련해서도 해양수산부와 문화체육관광부 간 긴밀한 연계 시스템이 구축·작동될 필요가 있다.

제4장

해외사례

중국의 해양강국 전략과 해양문화정책

권기영

중국의 **해양강국 전략**과 **해양문화정책**

권기영

중국의 새로운 미래 전략 : 해양강국

1988년 중국중앙방송(CCTV)은 한편의 다큐멘터리를 방영하면서 중국 국민들을 충격의 도가니로 몰아넣었다. 〈하상(河殤)〉, 즉 '황하의 죽음'이라는 제목의 이 다큐멘터리는 중국문명과 서구문명의 특징을 '황토문명(즉 농업문명)'과 '남색문명(藍色文明, 즉 해양문명)'으로 선명히 대립시키면서 중국문명의 몰락이 필연적인 것임을 주장했다.

> 대지에 안주하여 소규모의 농작을 위주로 하는 내륙문명으로서의 중국문명은 지중해에서 발원하여 태평양을 석권한 현대 서방문명의 충격 아래에서 이미 문화 창조의 활력을 잃었으며, 심지어는 안신입명의 근거조차 잃고 말았다.…… 〈하상〉은 단지 중국문명 뿐만 아니라 오랜 역사를 지닌 지구상의 모든 농업문명이 해양문명의 도전

아래 이미 해체선고를 받았다는 사실을 지적해 내려는 것이다.[1]

물론 〈하상〉의 기획자들 역시 대륙과 해양, 농업과 상업의 대비로 '중국문명의 몰락'이란 주제를 다룬다는 것이 지나치게 단순화하는 폐단이 있다는 점을 시인하고 있지만, 여하튼 〈하상〉이 1990년대 중국에서 '해양'에 대한 관심과 연구를 촉발시킨 계기가 되었음은 분명하다. 그럼에도 불구하고 중국 정부가 국가 전략 차원에서 '해양'에 주목하기 시작한 것은 21세기에 들어서면서부터였다.

2013년을 전후 한 시기는 중국의 해양정책이 새로운 전기를 맞는 해로 기억된다. 2012년 11월 후진타오(胡錦濤) 주석은 '해양강국' 건설을 새로운 국가 전략 목표로 설정했고, 중국 정부 역시 〈국가해양사업발전'125'계획〉, 〈전국해양공능구획(2011~2020)〉 등을 제정했다. '국가해양위원회'가 설치되었으며, '국가해양국'의 기능과 역할도 새롭게 조정되었다. 또한 2013년 9월과 10월, 시진핑(习近平) 주석은 전 세계인의 이목을 집중시켰던 중국의 새로운 미래 전략, 즉 '일대일로(一帶一路)' 구상을 제안했는데, 그 가운데 '일로(一路)'는 바로 '해양'을 직접 겨냥하고 있는 '21세기 해상실크로드'를 의미하는 것이었다.

---

* 이 글은 『중국문화연구』제34집(중국문화연구학회, 2020년 2월)에 실린 필자의 논문 「21세기 중국의 해양문화정책 설계와 추진 방향」을 수정·보완한 것이다.

1 陳曉林,「황하의 비창, 중국의 애상」, 蘇曉康·王魯湘 저, 洪熹 역,『하상』, 동문선, 1989. 21쪽.

출처: 『연합뉴스』

　그런데 21세기 초만 해도 중국 정부의 '해양'에 대한 관심은 주로 경제
분야에 집중되어 있었고, '해양문화'에 대한 관심은 오히려 1990년대 말
부터 학계를 중심으로 형성되기 시작했다. 1997년 중국해양대학에 전
국 최초로 '해양문화연구소'가 설립되었고, 1998년 이후에는 절강해양학
원, 광동해양대학, 상해해사대학, 대련해양대학 등에 해양문화연구소가
설립되었으며, 기타 '해양' 관련 연구기관들도 연이어 설립되었다. 특히
2005년 정허(鄭和) 항해 600주년을 맞이하여 전국적으로 개최된 대규모
의 기념 활동과 학술대회는 해양문화에 대한 국민적 관심과 연구를 한
단계 도약시키는 계기가 되었다.

　명나라의 환관이자 장군이었던 정허는 1405년부터 약 30년 간 총 7회
에 걸쳐 해양 원정길에 올랐는데, 이것은 유럽의 대항해 시대보다 70년
이나 앞선 항해로 기록된다. 항해의 규모도 엄청났는데, 제1차 항해에는
현재의 8천 톤급에 해당하는 대형 선박을 포함해 함선 62척과 작은 배

200여 척, 승무원만 2만 7,800명이 탑승했다. 90년 후 바스코 다 가마의 함대가 희망봉을 돌아 인도 항로를 발견했을 때, 그의 함대는 120톤급 3척에 승무원 170명의 규모였고, 콜롬버스의 함대는 250톤급 3척, 승무원 88명의 규모였다. 중국 정부는 '정허 항해 600주년' 기념행사를 통해 중국이 과거 세계 최고의 해양 국가였음을 과시하고, 21세기 새로운 해양강국의 꿈을 보여주고자 했다.

이러한 배경 속에서 2012년부터 중국 정부는 '해양문화'와 관련된 정책을 본격적으로 수립하기 시작했다. 2012년에 발표된 〈국가 해양사업 발전 '125'계획〉은 '해양의식과 문화'를 전면적으로 다루면서 해양의식·해양문화유산·해양문화산업에 관한 정책을 설계했다. 또한 국가해양국은 교육부·문화부·국가신문출판광전총국·국가문물국 등 교육·문화 행정 부처들과 공동으로 〈전민 해양의식 선전교육과 문화건설 '135'계획〉(2016)을 발표하고 '해양문화' 건설의 방향과 목표, 주요 정책 과제 등을 구체적으로 제시했다. 다른 한편 '일대일로'와 관련하여 2017년 국가발전개혁위원회와 국가해양국은 공동으로 〈'일대일로' 건설 해상합작 구상〉을 발표하고 특별히 중국 해양문화의 대외정책 방향을 수립했다.

해양문화 정책 범주

중국 최초의 총체적인 해양정책 청사진이라고 할 수 있는 〈국가 해양사업 발전계획 강요〉(2008)는 '해양사업'을 "해양 자원·환경·생태·경제·안보 등 분야의 종합관리와 공공서비스 활동'으로 정의했다. 또한 2012년에 발표된 〈국가 해양사업 발전 '125'계획〉은 '해양사업'의 정책 범주를 다음과 같은 15개의 영역, 즉 해양자원의 관리, 해역의 집약적 이용, 섬 보호와 개발, 해양환경 보호, 해양생태 보호와 복원, 해양경제의 거시 조정, 해양공공서비스, 해양재난 방지, 해양권익 보호, 국제해양업무, 국제 해역자원 조사와 극지 연구, 해양과학기술, 해양교육과 인재양성, 해양 법률·법규, 해양의식과 문화 등으로 세분화했다. 여기서 주목할 점은 이때부터 중국 정부가 '해양문화'를 해양사업의 주요한 정책 범주로 간주하기 시작했다는 것이다.

물론 중국의 해양사업 정책은 주로 '해양경제' 분야에서 집중적으로 전개되었다. 2003년에 발표된 〈전국 해양경제 발전계획 강요〉는 '해양경제'를 "해양을 개발하고 이용하는 각종 산업 및 관련 경제활동의 총화"로 정의하고, '해양산업'은 해양어업, 해양교통과 운수업, 해양원유가스업, 해변관광업, 해양선박공업, 해염 및 해양화공업, 해수이용업, 해양생물의약업 등 8가지로 분류했다. 또한 2017년에 발표된 〈전국 해양경제발전 '135'계획〉에서는 '해양산업'을 다시 ①해양전통산업, ②해양신흥산업, ③해양서비스업으로 분류하고, 특히 해양서비스업에는 해양금융서비스업, 해양공공서비스업, 해운서비스업과 함께 해양관광업과 해양문화산업을 포함시켰다. 그러니까 중국에서 해양관광이나 해양문화산업은 해양문화정책이라기보다는 오히려 해양경제정책에서 중요한 정책 범주를 구성하고 있었다.

그런데 이와는 별도로 2016년에 발표된 〈전민 해양의식 선전교육과 문화건설 '135'계획〉은 국가해양국이 교육부·문화부·국가신문출판광전총국·국가문물국 등 교육 및 문화 행정 부처와 함께 설계했다는 점에서 주목할 만하다. 우선 이 문건은 "국가의 해양전략은 반드시 해양에 대한 국민의 인식에 뿌리를 내려야 한다"는 명제를 전제로, 현재 중국은 '해양강국 건설'과 '21세기 해상실크로드'라는 전략 목표를 확정했는데, '해양문화'는 이러한 국가 전략 목표를 실현하기 위한 사회적 공감, 여론 환경,

사상적 기초, 그리고 정신적 동력을 제공하는데 그 정책적 함의가 있음을 분명히 했다. 그리고 ①해양 선전, ②해양의식 교육, ③해양문화 건설 등 3대 주요 정책 범주를 설정하고 각각의 사업추진 방안을 제시했다.

이렇게 보면 중국 정부가 인식하는 '해양문화'는 해양 고유의 정체성을 가진 개념이라기보다는 일반적 의미에서의 '문화'의 일종, 즉 해양문화란 '해양'이 '문화'를 수식하는 관계로 인식하는 듯하다. 정책 범주로 보자면 해양문화 정책은 '문화정책'이라는 대범주 안에 속해 있는 '해양'이라는 특성을 지닌 하위범주에 해당하는 것이라고 할 수 있다. 같은 맥락에서 중국해양대학의 취진량(曲金良) 교수는 '중국해양문화'를 "중화민족이 해양과 관련하여 창조·전승한 물질적·정신적·제도적·사회적 문명생활방식 및 그 표현형태"라고 정의하고, 하위범주로 해양정신문화, 해양물질문화, 해양제도문화, 해양사회문화, 해양심미문화 등으로 구분하고 있다.

중국 정부의 '해양문화'에 대한 이러한 인식은 '해양문화산업'에도 그대로 적용되었다. 우선 '해양문화산업'에 대한 중국 학자들의 견해를 살펴보자.

취진량 교수는 '해양문화산업'을 "해양문화를 주요 내용과 체제로 삼고, 해양 관련 업계·사회를 생산과 경영 주체 혹은 소비와 서비스 주체로 삼으며, 해안·섬·해저를 존재와 공간으로 삼는 문화산업"으로 정의하고, 이를 다시 해양관광산업, 해양레저산업, 해양축제산업, 해양미디어산업, 해양공연산업, 해양공예산업, 해양서비스산업 등 7개로 분류했다.

취홍량(曲鴻亮)은 '해양문화산업'을 "해양문화를 핵심 내용으로 하는 문화상품과 관련 서비스의 생산 및 해변(섬) 지역의 문화산업"으로 정의하고, 해양문화산업의 핵심 업종 역시 국가통계국이 지정한 문화산업 통계지표와 분류 표준을 근거로 9개로 분류했다.

장카이청(张开城) 역시 비슷한 관점에서 ①해양신문출판발행, ②해양

방송영화, ③해양문예창작과 공연, ④해양문화정보전송, ⑤해양문화창의와 설계, ⑥해양문화레저오락, ⑦해양공예미술품 생산, ⑧해양전시, ⑨해양대형활동 등 9개를 '해양문화산업'의 주요 업종으로 분류했다.

상술한 바와 같이 '해양문화산업'은 일찍부터 해양경제정책 영역에서 거론되었고, 해양경제를 구성하는 '해양산업'의 하나로 분류되었다. 그러나 중국의 주요 해양 관련 정책 문건에는 '해양문화산업'의 업종별 분류와 그 특성에 따른 발전계획이 구체적으로 제시되어 있지는 않다. 다만 이 문건들의 내용을 종합해 보면, '해양문화산업'에 대한 개념이나 업종에 대한 분류는 대체로 상술한 학자들의 견해를 수용하고 있다.

그런데 '해양문화'에 대한 이러한 인식이 가져오는 문제는 도대체 '해양문화정책'이 '문화정책'의 범주인지 아니면 '해양정책'의 범주인지 모호하다는 점이다. 그리고 이것은 정책 영역에서 '해양문화정책'의 주관 행정 부처가 어디여야 하는지의 문제로 이어진다. '해양문화'를 단순히 '해양+문화'로 이해하더라도 방점이 '해양'에 찍히느냐 '문화'에 찍히느냐에 따라 주관 행정 부처가 달라지는데, 주관 부처의 위상과 전문성에 따라 관련 정책의 설계와 추진 방식 역시 상당한 영향을 받게 된다. 그런데 지금까지 발표된 '해양문화' 관련 정책들이 주로 국가해양국의 명의로 발표되었던 점을 감안하면, 중국의 '해양문화정책'은 국가해양국에 의해 주도적으로 설계·추진되고 있음을 알 수 있다.

같은 맥락에서 중국의 문화정책을 총괄하는 중국문화부는 대체로 '해양문화'를 자신들의 중요한 정책 범주로 간주하지 않는 것 같다. 예컨대 2017년 중국문화부가 발표한 〈'135'시기 문화발전개혁계획〉에는 '해양문화'에 대한 언급이 전혀 보이지 않으며, 2018년에 중국문화부가 발간한 〈'135'문화발전개혁계획휘편〉에는 '13차 5개년 계획' 시기 중앙 정부 및 지방 정부의 중요한 문화정책 문건들을 수록하고 있는데, 여기에도

'해양문화'와 관련된 문건은 눈에 띄지 않는다. 다시 말해 중국문화부는 예술창작, 문화과학기술, 문화산업, 공공도서관, 공공디지털문화, 군중문예, 전통공예, 신문출판방송, 국가문물, 저작권 사업 등과 관련하여 부문별 정책들을 설계했지만 '해양문화'는 별도로 취급하지 않고 있다. 그리고 이러한 경향은 주요 지방 정부의 문화정책 설계에도 동일하게 나타나고 있다. 결국 2013년을 전후로 중국 정부는 '해양강국 건설'과 '21세기 해상실크로드'라는 국가 전략 목표를 설정했지만, 정책 범주로서 '해양문화'는 국가해양국을 중심으로 추진되는 '해양사업'의 하위범주로 취급될 뿐이고, 중국문화부를 위시한 문화·관광·미디어·출판 관련 행정 부분에서는 특별한 정책 범주로 주목하지 않고 있다.

해양문화사업 : 해양문화 대중화

중국의 '해양문화정책'에서 '해양문화산업'과 관련된 부분을 제외한 정책, 즉 '해양문화사업' 정책의 설계와 추진 방향은 전적으로 국민들의 '해양의식'을 확대시키는데 집중되어 있다. 〈국가 해양사업 발전계획 강요〉(2008)는 추진계획의 하나로 '전 국민의 해양의식 증강'을 설정하고 있고, 〈국가 해양사업발전 '125'계획〉(2012)은 '전 사회 해양의식의 보편적 증강'을 정책 목표의 하나로 설정했다. 그리고 2014년 중국공산당 중앙선전부는 〈전 국민의 해양의식 향상에 관한 선전교육공작방안〉과 〈해양의식 제고와 해권 교육 강화에 관한 공작방안〉을 연이어 발표했다. 이러한 정책 목표와 방향의 설정은 무엇보다 국가 차원에서 '해양강국 건설'이나 '21세기 해상실크로드'와 같은 전략 목표를 설정했음에도 불구하고 '해양' 자체에 대한 국민적 관심과 인식 정도가 대단히 낮으며, 해양의

바다를 등진 해양도시

식의 보급 및 확산을 위한 여건 또한 절대적으로 미흡하다는 판단에 기인한 것이다.

사실 고대부터 중국은 해양과 상업보다는 육지와 농업을 중시했던 국가였고, 특히 명대 중기 이후 청대까지 지속된 강력한 해금(海禁)정책은 해양에 대한 관심과 인식을 크게 위축시키는 결과를 낳았다. 중국의 이러한 해양의식은 20세기까지도 지속되었는데, 1970년대만 해도 중국 정부는 주로 남중국해를 중심으로 한 영토문제 외에 해상지역이나 해저자원 등에 대해서는 거의 주목하지 않았다. 이렇게 형성된 중국해양문화의 특성에 대해 어떤 연구자들은 '농업성'을 구비한 '남색문화' 즉 '해양농업문화(以海爲田)'로 규정하고 서구의 '해양상업문화'와 대비하기도 하였다. 1980년대 말 다큐멘터리 〈하상〉이 중국 국민들에게 엄청난 충격을 주면서 '해양'에 대한 관심을 불러일으켰던 것은 바로 이러한 역사적 맥락에 기인한 것이기도 했다.

그러나 21세기 중국의 급격한 경제발전은 주로 해양을 통해 이루어졌다. 개혁개방 이후 중국경제를 선도한 것은 해양에 근거한 항구 도시들이었고, 중국 무역의 95% 이상이 해운으로 이루어지고 있다. 더불어 해양영토를 둘러싼 새로운 분쟁뿐만 아니라 해양자원과 해양과학기술에 대한 중요성이 나날이 증가하고 있고, 해양환경 및 해양생태계의 위기도 무시할 수 없는 상황으로 내몰리고 있다. 중국 정부가 '해양강국'을 새로운 국가 전략 목표로 설정한 것은 이러한 대내외적 배경에 근거한 것이지만, 이러한 목표는 무엇보다 국민들의 적극적인 공감과 참여가 없으면 실현하기 어려운 것이었다. 국가해양국이 국민들에 대한 '해양의식'의 보급과 교육을 위해 2010년 '국가해양국 선전교육센터(国家海洋局宣传教

育中心)'를 설립한 것은 바로 이러한 필요성 때문이었다.[2] 물론 2000년대 이후 중국에는 해양문화와 관련된 각종 시설과 연구기구가 지속적으로 설립되었고 다양한 활동도 진행되었다. 예컨대 2015년 말 기준으로 중국에는 해양박물관이 68개(연해지역에 51개, 내륙지역에 17개)가 있고, 3년 이상 지속되고 있는 해양문화축제도 52개가 있으며, '해양문화'를 명칭으로 쓰고 있는 문화연구기구가 34개, 해양문화연구회 26개, 전국해양의식교육기지 28개가 있는 것으로 조사되었다.

그럼에도 불구하고 국가해양국의 조사에 따르면 2013년 중국 국민의 해양의식 종합지수는 56.2(지수 구간은 0~100)였는데, 이것은 비록 2010년의 47.9보다는 높아졌지만 여전히 낮은 수준에 있는 것으로 평가되었다. 그리고 이러한 진단을 기초로 국가해양국은 2016년 〈전민 해양의식 선전교육과 문화건설 '135'규획〉을 발표하고, 다음과 같은 세 가지 정책 추진 방향을 제시했다.

첫째는 해양에 관한 '선전' 역량을 강화하는 것인데, 이를 위해서 '해양 미디어 역량' 강화와 '해양의식의 대중전파 역량' 강화라는 두 가지 정책 과제를 설정했다. 세부적인 정책 내용을 살펴보면, 우선 '미디어 역량 강화'와 관련하여 ①해양 관련 언론 보도의 확대[3], ②해양 미디어의 혁신[4],

---

2 国家海洋局宣传教育中心은 2010년 설립된 국가해양국 직속의 사업단위다. 주요 기능은 ①해양선전교육 관련 정책·계획·표준·규범의 제정과 실시, ②해양의식·해양정책·법률법규의 보급과 선전교육, ③'세계해양일'·'전국해양선전일' 등 전국적 해양선전교육 활동, ④전국 해양문화 선전교육서비스 시스템 및 국가급 해양의식선전교육기지 건설, ⑤해양선전교육 정보화 건설 및 통계·감측·이론 연구, ⑥해양문화창의산업 발전 추동 등이다.

3 주로 해양 관련 중요 정책·법규·계획과 해양과학기술의 성과, 중요한 회의 및 중점 프로젝트, 각 지역의 우수 사례, 중점 도서와 영상작품·문예공연, 대형 해양활동 등에 대한 언론 보도 확대 등.

4 전통미디어와 뉴미디어의 융합, 해양 주제의 TV프로그램 제작, 해양 특색의 작품 방영, 인터넷방송을 통한 교류 강화 등을 의미한다.

③해양 뉴미디어 선전 플랫폼 건설, ④해양 관련 정부 정보 공개 등을 제시하고 있다. 또한 '대중전파 역량 강화'와 관련해서는 ①해양을 주제로 하는 브랜드 건설[5], ②고품질의 특색 있는 해양문화축제 등을 개최하며, ③우수 해양문예 작품, 특히 무대예술·미술사진·영상·문예도서·인문사회과학 등의 우수한 작품을 적극적으로 추천하는 것 등이 제시되었다.

둘째는 해양의식 '교육'을 강화하는 것으로 이를 위해서는 학교를 중심으로 하는 '해양 기초지식 교육'과 사회교육을 중심으로 하는 '대중 해양의식 향상'이 정책 과제로 설정되었다. 우선 '해양 기초지식 교육'과 관련하여 ①초·중학교 교과 과정을 개편하여 해양과 관련된 지리·역사·도덕·생물·환경·재해·정책·권익·인문 등의 내용을 삽입하고, ②해양 특색의 교육 과정과 교육 방법(온라인, 게임 등)을 새롭게 개발하며, ③'전국해양의식교육기지'의 구축, 학생들에게 각종 해양연구소·실험실·전시관·과학기술관 등의 개방, 해양과 멀리 떨어진 내륙 지방에 해양 관련 도서와 영상자료 보급, 해양 관련 각종 청소년 활동 조직, '해양지식교육시범학교' 설치 등의 사업을 진행하고, ④대학에는 해양학과 설립을 비롯하여 해양 관련 전공과 커리큘럼 개설, 대학생 동아리나 해양 자원봉사자 조직 등이 제시되었다. 또한 '대중 해양의식 향상'을 위해서는 ①국민 해양의식 사회교육의 전개, 특히 당정 간부·해양 관련 기업·사회 대중을 위한 순회강연 및 각종 보고회를 조직하고, ②해양의식 선전지원자 조직, 해양지식 보급을 위한 서적·사진·선전 책자 등 출판, 박물관·도서관·문화관·과학기술관·소년궁·기념관·군사관 등에서 해양 관련 전람회 개최, 해양을 제재로 한 우수 영상작품을 제작·방영하도록 제안했다.

---

5 세계해양의 날'이나 '전국해양선전의 날'과 같은 중요한 해양 선전 활동의 브랜드화, 전국 대학생 해양지식 경연대회·해양문화창의설계 경연대회 등 개최, '해양문화장랑(海洋文化長廊)' 건설, 전국 규모의 해양의식 보급 플랫폼 건설 등을 말한다.

셋째는 '해양문화'의 건설인데, 이와 관련해서는 ①해안 지역에 공공문화서비스 설비, 즉 해양 박물관·문화관·과학기술관·전람관 등 건설, 지역 특색을 선명하게 갖춘 해양도시 이미지 식별 시스템 구축, 3D·가상현실·증강현실 등의 기술을 활용한 '중국해양디지털박물관' 건설, 대중들이 참여하는 각종 해양문화 활동 전개, 해양문화유산에 대한 조사와 보호 등의 사업을 추진하고, ②해양문화산업의 발전을 촉진하기 위해 해양 특색의 문화상품과 서비스 개발, 문화기업 발전 촉진, 문화산업 플랫폼 건설 등을 제시하고 있다.

■ 국민 해양의식 향상을 위한 정책 과제와 정책 목표

정책과제	정책 목표
해양 선전 확대	• 전국성 신문, 잡지, 방송TV, 인터넷뉴스 등 미디어에 해양 관련 내용이 전방위적으로 보도되도록 함 • <중국해양보>와 같은 해양 전문 미디어의 전파력과 영향력을 한층 제고하여 전 국민의 해양의식을 명확히 향상시킴
해양의식 교육	• 200개의 전국해양의식교육기지, 200개의 전국해양과학보급교육기지, 100개의 해양지식교육시범학교를 건설하고, 특히 서부 지역의 각 성에 6~10개의 해양의식과 과학보급교육기지 건립 • '135'기간 매년 2개의 내륙 성을 선택하여 해양지식 활동을 전개하고, 각 성은 2~5개 시를 선택하여 해양지식보급 활동을, 각 시·현은 초·중학교 각 5개씩 선발하여 해양지식 강좌·도서 보급 활동을 전개
해양문화 건설	• 해양 관련 문화도서 출판량을 매년 20% 성장시켜 총 400종의 서적 출판, 200만 권 발행을 달성함 • 매년 우수한 해양 제재의 문화상품, 즉 영상작품·희곡·문학작품·음악무용·동만게임 등을 추천함

이처럼 중국의 해양문화사업 정책은 '해양의식'의 보급과 확산을 핵심 목표로 설정하고 해양의식 선전 수단(전통미디어+뉴미디어)의 역량 강화와 선전 방식의 다변화를 추진하고 있으며, 무엇보다 학교와 사회의 해양교육에 많은 노력을 기울이고 있음을 알 수 있다. 아울러 다양한 문예

바다를 등진 해양도시

작품의 창작을 독려하고 지역별 특색 있는 축제와 이벤트 개최 등을 통해 해양문화의 대중화를 모색하고 있다. 특히 해양 지역으로부터 멀리 떨어진 내륙지역까지 '해양의식'을 전파하는 사업을 추진하고 있는 점도 주목할 만하다.

해양문화산업 : 해양문화 산업화

2000년 중국 정부가 공식적으로 '문화산업'이란 개념을 사용하면서 시작된 문화산업에 대한 정책 설계는 단순히 문화가 경제적 가치를 창출한다는 점을 넘어서 그것이 중국의 산업구조 혁신, 즉 중국 경제발전 방식의 전환과 관련된 것이었기 때문에 더욱더 전략적 의미를 부여받았다. 중국의 '해양문화산업'이 갖는 의미 역시 같은 맥락에서 이해된다. 장카이청(张开城)은 해양문화산업의 발전이 현 단계 중국의 산업구조 조정과도 밀접한 연관이 있다고 주장했고, 쑨지팅(孙吉亭) 역시 중국경제의 '신구동력 전환'이라는 각도에서 해양문화산업이 해양경제의 신구동력 전환에 있어서 중요한 역할을 담당한다고 주장했다. 한편 중국 정부는 2017년 〈서비스업 창신발전대강(2017-2025년)〉을 발표했는데, 이 가운데 '해양서비스' 발전은 주요한 정책 과제의 하나였고 그 속에는 '해양문화산업'이 포함되어 있었다.

중국의 해양문화산업 정책 설계에 있어서 중국 정부가 초기부터 가장 주목했던 영역은 바로 '해양관광업'이었다. 〈전국 해양경제 발전계획 강요〉(2003)는 해양문화산업과 관련된 업종으로는 유일하게 '해변관광'만을 언급하고 있고, 〈전국 해양경제 발전'135'계획〉(2017)은 해양문화산업과 함께 '해양관광업'을 별도로 취급하고 있다. 이러한 특징은 무엇보다 '해양관광업'이 중국의 해양경제에서 차지하는 비중이 가장 큰, 이른바 해양경제의 지주산업이기 때문이다. 실제로 2011년부터 2014년까지 중국의 '해변관광업' 생산액은 6,258억 위안(2011년), 6,972억 위안(2012년), 7,851억 위안(2013년), 8,882억 위안(2014년)으로 해양산업 생산총액에서 차지하는 비중이 각각 33.4%, 33.9%, 34.6%, 35.3%에 달했다. 그리고 2018년에는 전년 대비 8.3%가 증가한 1조 6,078억 위안(한화 약 276조 원)으로 전체 해양산업 생산총액의 47.8%를 점유하는 것으로 집계되었다.

〈전국 해양경제 발전 '135'계획〉(2017)에 따르면 '해양관광업' 발전을 위한 중국 정부의 정책은 우선 관광·휴가·레저·오락·해상스포츠가 결합된 해양관광, 특히 생태관광·휴가양생·해양과학보급 등을 위주로 하는 '해양생태관광'을 발전시키는 것으로, 이를 위해 해변 경관 환경 개선, 섬 관광 목적지 건설, 레저·휴가·양생기지 건설 등이 제시되었다. 또한 상하이(上海), 톈진(天津), 선전(深圳), 칭다오(青岛), 푸저우(福州), 다롄(大连) 등에 '중국 크루즈관광 발전 실험구'를 건설하고 비자 면제 등 출입국 관리를 혁신하며, 해양도시에 '유람선 경제'를 발전시키는 방안과 함께 '해양체육센터'와 '해상스포츠산업기지'를 건설한다는 계획을 수립했다.

한편 '테마파크'는 '관광+문화+체험'이 일체화된 신형 관광상품으로 최근 시장규모가 급격히 성장하고 있는데, 미국 AECOM은 〈2015 중국 테마파크 발전보고〉에서 2020년 중국의 테마파크 방문객은 약 2.21억 명으로 미국을 추월하여 세계 최대의 테마파크 시장이 될 것으로 전망했다. 중국 정부 역시 해양문화를 주제로 최신 과학기술을 융합한 종합형 '해양테마파크' 건설을 중점 사업의 하나로 추진하고 있다. 가장 대표적인 것이 2015년에 착공하여 2018년 11월에 개장한 상하이의 '해창해양공원(海昌海洋公园)'이다. 총면적 29.7헥타르에 건설된 이 해양테마파크는 5개의 테마구역, 6개의 전시관, 9개의 공연 프로그램, 6대 놀이기구, 360도 스크린 영화관 및 4D 영화관, 테마식당, 9개의 특색 쇼핑매장, 호텔 등으로 구성되어 있으며, '전국해양의식교육기지', '전국해양과학보급교육기지', '생명장강연구와 과학보급기지'로 선정되었다.

사실 해양관광업은 현재 중국 대부분의 해양도시에서 추진하고 있는 핵심 정책이기도 하다. 2012년 국무원이 비준한 〈전국해양기능구역(2011-2020)〉에 의하면 중국 정부는 동부 해안 지역을 기능별로 8개의 구역으로 구분했는데, 이 가운데 해양 관광자원 개발 및 이용에 적합한

■ 중국 해양경제권의 해양관광 발전계획

해양경제권	주요 지역	해양관광 관련 계획
북부해양 경제권	요녕반도	• 동북아 국제해양해도관광, 해변피서관광구, 동북아 크루즈관광기지 건설
	발해만 연안	• 첨단관광, 북방 국제 크루즈관관 중심(천진), 국가 해양문화 전시클리스터
	산동반도 연안	• 국제 해변레저리조트, 크루즈 유람선, 해상스포츠 등 첨단 해양관광 발전
동부해양 경제권	강소 연안	• 동부관광신기지 및 생태레저관광밸트 육성, 해양문화 창의산업, 해양관광업 발전
	상해 연안	• 크루즈 유람선 경제
	절강 연안	• 해양문화제, 국제적 해양문화레저관광목적지
남부해양 경제권	복건 연안	• 해상실크로드관광, 해협관광, 크루즈관광
	주강삼각주	• 해상스포츠, 크루즈관광, 해상실크로드관광
	광서북부만	• 중국-아세안 해양관광합작권 구축
	해남도	• 해변관광, 크루즈·범선·유람선 관광
섬 개발과 보호	절강주산군도신구	• 해양관광업 발전
	복건평담종합실험구	• 섬 관광레저 목적지
	광동횡금도	• 국제 비즈니스서비스 레저관광기지 건설

지역을 '관광·레저·오락지구'로 지
정하고 주변의 국가급 풍경명승
구·관광리조트·지질공원·산림공
원 등과 연계하여 개발을 추진하
고 있다.[6] 또한 〈전국 해양경제
발전 '135' 계획〉(2017)은 지역별
로 다음과 같은 해양관광 발전 전
략을 제시하기도 했다.

한편 중국 정부는 동부 연해의
해양도시를 중심으로 '해양문화산

업 클러스터' 건설을 추진하기 시작했다. 가장 대표적인 지역이 바로 절
강성 앞바다의 섬들로 구성된 '저우산군도(舟山群岛)'였다. 2011년 중국
국무원은 '저우산군도신구'의 설립을 비준했는데, 이것은 중국에서 최초
로 '해양경제'를 중심으로 건설되는 개발구로서 상하이 푸동신구, 톈진
빈하이신구(天津滨海新区), 충칭 량쟝신구(重庆两江新区)에 이른 또 하
나의 국가급 신구(新区)가 되었다.

또한 2015년부터 국가해양국은 '전국해양문화산업시범기지'를 지정하
여 지원하고 있으며[7], 〈전국해양경제발전'135'규획〉(2017)에서는 해양전
통문화자원에 근거한 '해양 특색 문화산업벨트' 건설을 제안하기도 했다.

---

6 8대 해양기능구는 ①농어업구, ②항구운송구, ③공업·도시용 해구, ④광산·에너지구, ⑤관광레
   저오락구, ⑥해양보호구, ⑦특수이용구, ⑧개발보류구 등이다.「전국해양기능구획(2011~2020)의
   주요 내용」,『KIEP 북경사무소 브리핑』, 대외경제정책연구원, 2013.3. 22. 참조.

7 国家海洋局宣传教育中心은 2015년 1차로 6개의 단위를 '전국해양문화산업시범기지'로 지정했다.
   이 6개 기지는 中国科学院青岛科学艺术研究院(해양디지털화), 宁波影视文化产业区管委会暨宁波象
   山影视城(해양영상), 浙江大学中国海洋文化传播研究中心(해양전파), 三亚学院(해양미술), 中国对外
   翻译出版有限公司(해양도서출판), 广东海洋大学珍珠研究所暨广东绍河珍珠有限公司(진주문화) 등이
   다. 국가해양국은 2016년까지 총 21개의 전국해양문화산업시범기지를 지정했다.

이러한 배경 하에서 2015년 중국문화미디어그룹(China culture media group)은 중국공상은행 복건성 지점과 '21세기 해상실크로드 문화산업' 진흥을 위한 협약을 체결하고 '중국해양문화센터'와 '해상실크로드 예술구' 건설에 50억 위안(한화 약 8,000억 원)을 지원하기로 하였다.

이처럼 중국의 해양문화산업 정책 설계는 '해양관광업'을 중심으로 지역 특색의 해양문화자원을 산업화하여 경제적 가치를 창출하는데 역점을 두고 있다. 그리고 이를 위해 해양문화콘텐츠 개발, 다양한 해양문화 축제 개최, 해양문화기업 육성, 해양문화산업 클러스터 조성 등의 사업을 추진하고 있다.

그러나 전체적으로 볼 때 중국 정부는 해양문화산업에 대한 총체적이고 체계적인 정책 설계 단계에까지는 이르지 못한 것으로 보인다. 우선 중국의 해양문화산업정책은 그동안 중국문화부가 설계했던 문화산업정책의 구조 및 범주에 크게 미치지 못한다. 또한 정책 주무 부처인 국가해양국이 '해양문화산업'에 대한 전문성과 추진 역량을 제대로 갖추고 있는지에 관해서도 의구심이 든다. 해양문화기업의 특성을 고려한 맞춤형 지원 정책이나 해양문화산업 육성을 위한 다양한 재정·세제·금융 지원 정책도 아직 내놓고 있지 못하고 있기 때문이다. 더구나 해양문화산업 역시 해양·문화·미디어·관광·체육·교육·재정·금융 등 다양한 분야의 협력이 필수적인데 이를 위한 행정 부문 간 조정과 협력 시스템도 제대로 구축되지 못하고 있다. 이런 상황에서 국가해양국이 주도하는 해양문화산업 정책에 중국문화부와 같이 상급 부처이면서 문화산업 분야의 전문성을 갖춘 기관이 얼마나 적극적으로 협조해 줄지는 장담하기 어렵다.

해양문화 대외정책 : 해양문화 글로벌화

중국의 해양문화정책에서 별도로 대외정책 부분을 살피는 것은 그것이 '일대일로'의 하나인 '21세기 해상실크로드'와 밀접한 관련이 있기 때문이다. 2013년 '일대일로' 구상이 제기된 이후 중국 정부는 2015년에 〈'일대일로' 비전과 행동〉을 발표하고 '일대일로' 공동건설의 원칙, 국가 간 합작의 중점 내용 및 미래 비전의 청사진을 구체적으로 제시했다. 특히 이 문건은 '일대일로' 건설을 위한 5개의 합작중점(五通)을 제시했는데, 이 가운데 '민심상통(民心相通, People-to-people bond)은 '일대일로' 건설의 사회적 기초(public support)로서 다양한 문화정책들을 포함하고 있었다. 이러한 정책 기조에 근거하여 중국문화부 역시 〈'일대일로' 문화발전 행동계획(2016-2020)〉(2017)을 통해 ①합작 메커니즘 구축, ②합작 플랫폼 건설, ⑧합작 브랜드 형성 등 3개의 정책 범주를 설계하고 각각 구체적인 정책 과제를 제안했다.

한편 국가해양국은 '일대일로' 가운데 특별히 '21세기 해상실크로드' 건설과 관련하여 〈'일대일로' 건설 해상합작 구상〉(2017)을 발표했다. 여기서 '해양문화'와 관련된 정책은 우선 '해양인식'의 확대와 함께 국가 간 해양 합작을 위한 민의기초 정립을 목표로 '해양지식과 문화교류 융통계획', '세계마조해양문화센터' 설립, 해당 국가들과 해양문화유산 보호를 위한 공동 협력 및 '해양예술제' 등의 행사 개최와 함께 특별히 해양문화 전파를 위한 미디어 분야의 합작 등을 거론하고 있다. 이 밖에도 상술한 바 있는 다양한 해양 관련 정책 문건이나 중국문화부가 발표한 문화정책 문건 속에도 '해양문화'의 대외정책에 관한 내용들이 산재해 있는데, 이들을 종합하면 대체로 다음과 같은 정책의 윤곽을 그려볼 수 있다.

첫째, '해양문화'와 관련된 국제 협력 메커니즘의 구축이다. 예를 들면

바다를 등진 해양도시

'21세기 해상실크로드 해당국 고위급 대화 메커니즘' 건립이나 '중국-군소도서개발국(SIDS)[8] 해양장관 원탁회의' 개최, '중국-아세안 해양합작센터' 등 정부 간 협력 메커니즘을 건설하고, 이를 바탕으로 '해양문화'와 관련된 교류와 합작을 지속적으로 추진한다는 계획을 제안했다. 더불어 '중국-아세안 해상합작기금'이나 '중국-인도네시아 해상합작기금', 그리고 아시아 인프라 투자은행(AIIB) 등의 자금을 활용하여 '해양문화'와 관련된 합작 프로젝트에 자금을 지원하는 메커니즘 구축도 제안하고 있다.

둘째, '해양문화' 국제교류 플랫폼의 건설이다. 2014년부터 복건성 촨저우(泉州)에서 개최하기 시작한 '해상실크로드 국제예술제'[9], 그리고 '샤먼국제해양주간'[10]이나 '중국해양문화제'[11] 등 문화예술 교류 플랫폼과 함께 전통 해양문화의 발굴과 보호 측면에서 '세계마조해양문화포럼' 개최나 '세계마조해양문화센터' 건설도 제안하고 있다.[12]

셋째, 해양문화산업의 국제합작 추진이다. 우선 '해양관광' 분야에서 '중국-아세안 해양관광합작권' 구축 등 주변국들과 해양관광 노선을 개

---

8 Small Island Developing States(SIDS, 군소도서개발국) ; 현재 유엔사무국은 카리브해, 태평양, 아프리카, 인도양, 지중해, 남중국해 등에 산재해 있는 군소도서개발국 52개국을 수록하고 있다. 〈위키백과〉검색.

9 海上丝绸之路国际艺术节(Maritime Silk Road International Arts Festival)는 중국문화부와 복건성 정부가 주최하는 행사로 2년에 1회 개최하며, 2014년 제1회 예술제에는 문예공연, 전시, 학술포럼, 문화유산 등 23개 항목의 행사가 진행되었고, 일본·말레이시아·인도 등 20여개 국가가 참여하였다.

10 中国国家海洋局·厦门市人民政府·联合国开发计划署驻华代表处·东亚海域环境管理区域项目组织·厦门大学 등이 공동 주최하는 행사로 2005년부터 시작되었다. 국제해양포럼, 해양테마전시, 해양문화 활동 등 세 분야를 중심으로 진행되며 2012년 행사에는 50여개 국가 및 10여개 국제조직이 참가하였다.

11 中国海洋学会·中国海洋报社·浙江海洋学院 등이 공동 주최하고 절강성 舟山市 岱山县에서 개최되는 행사로 학술연구와 문화행사를 중심으로 진행되며 2005년부터 시작되었다.

12 마조 신앙와 마조 풍속은 2009년 유네스코 무영문화재로 등재되었고, 해외 각지의 화교 공동체를 중심으로 현재 26개국에 1,500개에 달하는 妈祖庙가 있다. (바이두 검색)

발하고 관광정보를 교류하는 방안이 제시되었다. 또한 미디어 영역에서는 '21세기 해상실크로드 미디어 동아리' 구축 등을 통해 공동으로 해양문화 전파를 추진하고, 전파방식 또한 다국문명과 다국어를 체현·융합한 형태로 혁신할 것을 제안하였다.

한편 영상콘텐츠 분야에서는 국가신문출판광전총국이 2013년부터 추진하고 있는 '실크로드 영상 브릿지 프로젝트(Silk road film bridge project)'가 눈에 띈다. 물론 이 프로젝트는 '해양문화'만이 아니라 '일대일로' 전체를 제재로 하는 영화·TV프로그램·다큐멘터리의 프로모션 및 공동제작 활성화를 목표로 한 것이지만 중국 해양문화의 대외교류에 있어서도 중요한 기반이 되고 있다. 예컨대 2014년부터 개최하기 시작한 '실크로드 국제영화제'는 '실크로드 경제벨트'의 중심 도시인 시안(西安)과 '21세기 해상실크로드'의 중심 도시 '푸저우(福州)'에서 해마다 번갈아 개최하고 있는데, 특히 2017년 푸저우에서 개최된 제4회 영화제는 '해양실크로드·해양·해협'을 주제로 진행되었다.

이처럼 중국의 해양문화 대외정책은 크게 3개의 방향에서 추진되고 있는데, 이러한 정책 설계의 핵심 목표는 바로 중국의 해양문화를 '21세기 해상실크로드' 주변 국가에 적극적으로 전파하여 '해양강국'으로서의 중국 이미지를 제고하는 데 있었다. 때문에 상술한 바와 같은 해양문화 국제교류 플랫폼 건설이나 해양문화산업의 국제합작 역시 중국 주도 하에 중국의 메시지와 이미지를 대외적으로 전파하는데 역점을 두고 있다. 그러나 도대체 중국이 전파하고자 하는 '중국해양문화'의 정신과 이념이 무엇인지, 그것이 과연 기타 '해양강국'들과는 어떻게 다른지, 또 이렇게 추진하고 있는 대외전파 방식은 적절한 것인지, '21세기 해상실크로드' 정신으로 평화·신뢰·합작·혁신·공영을 강조하면서 중국은 왜 다른 국가 및 지역의 '해양문화'를 적극 수용하는 정책 설계는 하지 않는지 등의 문제에 관해서는 여전히 해답을 내놓고 있지 못한 상황이다. 중국해양문화의 전파에 있어서 대외적 전파와 대내적 전파의 전략과 방침에 구별을 두어야 한다는 지적이나, 국제사회의 문화전파의 이념과 여전히 상당한 편차를 보이고 있는 중국 미디어의 문화전파 방식에 대한 비판 등은 심각히 고려해야 할 사항들이라고 생각된다.

중국이 '해양강국' 건설을 국가 목표로 설정한 이래, 중국 정부가 설계한 해양문화정책은 크게 해양문화사업정책, 해양문화산업정책, 해양문화 대외정책 등 3개의 정책 범주로 구성되어 있다. 여러 정책 문건들에 산재해 있는 이러한 해양문화정책을 종합하면 다음과 같이 표현할 수 있다.

■ 중국 해양문화정책 구성도

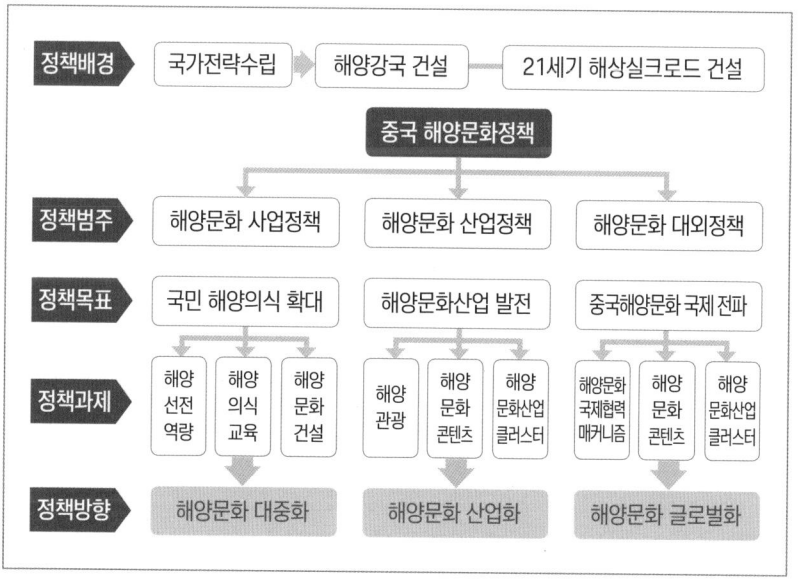

이렇게 볼 때 중국의 해양문화정책은 직접적으로 언급하고 있지는 않지만 대체로 중국해양문화의 ①대중화, ②산업화, ③글로벌화라는 방향으로 추진되고 있다. 그리고 이것은 중국의 해양문화정책이 아직은 초보적 단계에 놓여 있음을 의미하는 것이기도 하다. 상술한 바 있는 분야별 정책 과제와 주요 사업 내용 역시 이러한 단계적 특성을 다분히 보여주고 있다.

그런데 필자가 보기에 중국 해양문화정책의 가장 큰 문제점은 이러한 정책 내용에 있다기보다는 오히려 정책을 설계하고 추진하는 주체의 문제에 있다. 이미 언급한 바와 같이 만일 '해양문화정책'의 주무 부처가 국가해양국이라면, '해양문화'는 '해양사업'의 일부로 취급될 뿐이며, 이것은 '해양문화'의 발전이 목적이라기보다는 해양사업을 위한 수단으로 취급될 위험이 있다. 동시에 국가해양국은 1998년 이후에는 국토자원부 산하의, 그리고 2018년 이후에는 자연자원부에 소속된 하나의 국(局)에 불과하다. 문화와 관광 분야의 정책을 총괄하고 있는 중국문화관광부와 비교한다면 국가해양국은 행정 부처로서 위상과 규모, 그리고 문화·관광 분야에 관한 전문성에서 상대가 되지 않는다. 이처럼 국가해양국이 주도하는 상황에서 중국문화관광부는 그동안 '해양문화정책'에 관해 대단히 소극적인 모습을 보여 왔다. 이렇게 본다면 현재 중국의 '해양문화정책'은 바야흐로 사각지대에 놓여 있는 것이나 다름없다.

사실 이러한 중국 해양문화정책의 특성은 우리나라와도 상당히 유사한 부분이 많은 듯 보인다. 2013년 재출범한 해양수산부는 2016년 '해양르네상스 실현을 통한 해양강국 건설'이라는 비전과 함께 '해양교육의 내실화와 해양문화 확산'을 중점 목표로 설정했다. 그런데 우리나라 해양수산정책을 보면 크게 해양정책, 수산정책, 해운물류정책, 해사안전정책, 항만정책 등 5개의 범주로 구성되어 있는데, '해양문화'와 관련된 정책은 해양정책실 산하 해양산업정책관에 소속되어 있는 해양정책과(해양문화행사)와 해양레저관광과에서 부분적으로 담당하고 있으며, 해양수산부 산하기관에도 국립해양박물관 정도를 제외하면 '해양문화'와 관련된 전문기관은 눈에 띄지 않는다. 또한 중국과 마찬가지로 우리나라 문화체육관광부에서도 '해양문화'는 별도의 정책 범주로 간주되지 않는다.

'해양문화'가 하나의 정책 범주로 중요하게 취급되어야 하는가의 문제는 논쟁의 여지가 많다. 그러나 필자가 중국의 '해양문화정책'에 관심을 갖는 이유는 무엇보다 중국 정부가 '해양'을 국가 전략 목표로 설정했고, '21세기 해상실크로드'와 같은 국제적 비전과 전략을 적극 추진하고 있기 때문이다. 마찬가지로 우리나라도 문재인 정부가 100대 국정과제로 제시했던 '한반도 신경제지도'의 '환황해 경제벨트'와 '환동해 경제벨트'는 '해양'을 기반으로 하고 있으며, 국가 대외전략의 하나인 '신남방 정책' 역시 '해양'과 밀접한 관련이 있기 때문이다. 더불어 2020년 1월 〈해양교육 및 해양문화의 활성화에 관한 법률안(해양교육문화법)〉이 국회를 통과했다. 비슷한 시기 한국과 중국의 국가 전략에서 '해양'이 갈수록 부각되는 상황에서 '해양문화'와 관련된 일련의 정책 구상은 중요한 국가적 과제의 하나로 취급될 필요가 있으며, 이와 관련하여 양국의 정책 설계와 추진 전략이 상호 참조 모델이 될 수도 있을 것이라 기대한다.

제5장

인천의
해양문화 정책 회고

인천 문화예술 중장기 계획으로 살펴 본
인천 해양(섬) 문화정책
손동혁

인천의 섬과 섬 정책
심진범

인천 문화예술 중장기 계획으로 살펴 본

인천 해양(섬) 문화정책

손동혁

인천의 해양문화 정책 현황과 관련하여 그동안 인천에서 수립된 문화예술 중장기 계획을 중심으로 살펴보고자 한다. 아래는 인천시가 수립한 대표적인 문화예술 중장기 계획들을 정리한 표다.

■ 인천 문화예술 중장기 계획

계획명	계획기간	연구 기관
인천광역시 문화예술 중장기 종합발전계획	2003년~2012년	한국문화관광정책연구원, (사)해반문화사랑회
인천 문화도시 기본계획 '행복한 변화, 함께 만드는 문화도시'	2010년~2020년	인천문화재단
민선5기, 인천광역시 문화예술 기본계획 '시민이 만드는 행복한 문화도시'	2010년~2014년	인천광역시 문화정책 및 문화행정 혁신을 위한 민관거버넌스 TFT
문화성시 인천	2016년~2020년	인천광역시
인천광역시 문화도시 종합발전계획 (2018-2022)	2018년~2022년	문화다움
제2차 인천광역시 문화진흥시행계획 (2020-2024)	절강주산군도신구	인천연구원

1. 인천광역시 문화예술 중장기 종합발전계획

21C를 맞이하여 문화가 도시의 이미지를 형성하고 또한 도시의 경쟁력을 입증하는 핵심요소로 자리매김하게 되었다. 이에 따라 인천의 특성을 살린 문화도시 발전전략 수립과 추진의 필요성이 제기되었으며, 결과적으로 <인천광역시 문화예술 중장기 종합발전계획>이 수립되었다. 그런 의미에서 이 계획은 인천시에서 최초로 수립한 문화예술 분야 중장기 발전계획으로 볼 수 있으며, 시민중심의 문화정책 비전 제시와 국제문화도시로의 발전방안 마련을 목적으로 밝히고 있다.

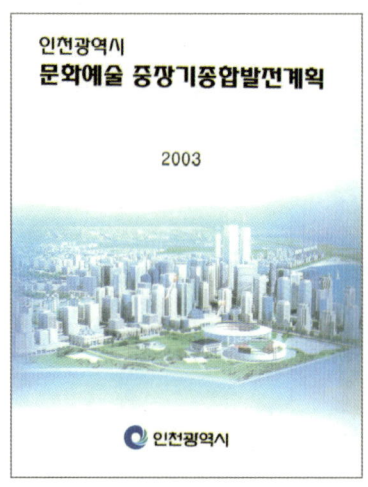

내용을 살펴보면, '창조적 국제문화도시, 다문화 공존 융합도시'를 비전으로 '문화정체성 및 전통문화의 발전', '문화예술 창조력 제고', '문화복지의 확충', '첨단문화산업의 발전', '문화행정기반의 조성'을 기본 방향으로 설정하고, 해당 방향에 따른 목표와 추진과제를 제안하고 있다.

■ 인천광역시 문화예술 중장기 종합발전계획의 기본방향과 목표

기본방향	목표	추진과제
문화정체성 및 전통문화의 발전	인천문화의 정체성 실현	• 인천문화백서의 발간 • 시사편찬위원회 재정비 및 인천문화사 발간 • 도시개성 특화사업(도시개성특화위원회 설치 및 지명조정, 새로운 도시 CI 확정 및 홍보) • 조형물의 재정비 • 인천문화연구와 교육지원
	문화축제의 활성화	• 시민문화모니터링제 활용 • 작은 축제의 활성화와 특성화 • 국내외 축제의 연구와 벤치마킹 • 축제준비위원회의 조직 • 새로운 문화축제의 개발
	문화재의 보존 및 개발	• 전통문화의 계승과 활용(인천역사로드 조성, 강화역사문화촌 조성, 영종진 복원, 능허대의 복원) • 근대문화유산의 보존 및 활용(만국공원 복원, 인천국제건축전 개최, 인천우체국 활용, 대불호텔 복원)
	문화재의 보존 및 개발	• 무형문화재 전승 및 활용(전통예술시범학교 지정 육성, 전통예술전수회관 지원, 왕골공예촌/박물관 조성, 역사문화특구 추진, 문화재 실측 및 고증자료 수집과 DB구축)
문화예술 창조력 제고	예술교육	• 영재교육 프로그램 운영
	창작환경	• 전문예술법인 지원 • 문예회관별 상주단체 운영 • 종합문예회관 활성화 • 아트마켓 사업 • 창작스튜디오 활성화 • 동아시아 3국 문화교류 • 마니페스타 개최
문화복지의 확충	문화복지 시설 확충	• 문화지표의 개발 • 생활권역별 계획체계 수립 • 시립도서관 확충과 지역정보도서관화 • 시립미술관 건립 운영 • 테마별 박물관 조성 • 음악전용공간 조성 • 미디어 예술플라자 조성 • 문화원 건립 운영 • 도서관 건립 운영 • 문화회관 건립 운영 • 청소년 문화시설 조성

기본방향	목표	추진과제
문화복지의 확충	문화복지 시설 확충	• 복지회관 건립 운영 • 어린이/노인 도서관 건립 운영 • 중소 공연장/전시장 조성
	도시문화환경 조성	• 공개공지의 문화적 정비 • 길모퉁이의 문화적 정비 • 문화의 거리 정비 및 확대 조성 • 시민광장 조성 • 문화벨트 조성 • 조형예술지구 지정
	참여적 문화 활동	• 문화자원봉사센터 운영 • 문화복지지원단 운영 • 문화정보지원센터 및 문화예술종합정보시스템 구축 • 주민자치센터 문화프로그램
	생활문화의 활성화	• 생활체육의 활성화 • 청소년문화 활성화 • 주 5일 근무제 문화복지 대안 • 공단지역 문화환경 개선 • 살기좋은 우리동네 만들기 • 아파트지역 문화환경 개선
첨단문화 산업의 발전	영상문화사업	• 송도드라마 촬영세트장 건립 • 영상관련 테마파크 건설 • 아시아 다큐멘터리 필름페스티벌 • 영상위원회 설립
	음악·음향 문화산업	• 디지털 음향아카이브센터 설립 • 악기 및 음반 축제 개최 • 동북아 록 페스티벌 개최 • 록음악 기념관 건립
문화행정 기반의 조성		• 인천문화재단 설립 운영 • 기업메세나협의회 설립 지원 • 기획자문단 및 시민참여 제도화

자료 : 인천광역시, 〈인천광역시 문화예술 중장기 종합발전계획〉, 2003.

이 가운데 해양과 관련해서는 '문화 축제의 활성화' 부분에서 새로운 문화축제 개발, 인천의 대표축제 개발 등을 계획함으로써 인천 해양축제의 가능성을 제시하고 있다. 예컨대 송도, 영종도, 월미도, 소래포구, 연

바다를 등진 해양도시

안부두 등을 지역 축제의 흥겨운 마당이자 시민들의 문화적 휴식 공간으로 리모델링하고, 옹진군 내의 백령도, 덕적도, 영흥도 등 크고 작은 섬들을 친수적 문화의 장으로 활용하는 정책 개발 등이 제시되었다. 그리고 인천의 대표축제 개발과 관련하여 월미국제평화문화제, 세계범선대회, 섬축제 등이 제안되기도 했다.

이러한 계획의 영향으로 제1회 인천해양축제가 제8회 바다의 날 기념식을 시작으로 2003년 5월 30일부터 6월 1일까지 3일간 월미도와 인천항 일대에서 펼쳐졌으며, '국제해양도시 인천비전'이 선포되었다. 인천광역시가 주최하고, 기호일보 등이 주관하여 진행한 인천해양축제는 2012년에 제10회 축제를 끝으로 현재는 개최되지 않고 있다.

2. 인천 문화도시 기본계획

<인천 문화도시 기본계획>은 아시안게임이 열리는 2014년과 경제자유구역 개발이 완료되는 2020년을 주요 전환점으로 하는 새로운 문화 비전과 실천계획 수립의 필요성에 응답하기 위해 수립되었다. 이 시기는 송도·청라·영종 등 경제자유구역의 지정을 계기로 새로운 도시문화의 창출과 구도심 지역의 활성화·재정비 사업이 대규모로 추진되고 있어 개발·정비사업을 문화적으로

해석하고 문화 분야의 발전과 연결시키는 것이 시급한 과제로 떠오르고

있는 상황이었다.

'행복한 변화, 함께 만드는 문화도시'라는 슬로건을 내세운 <인천 문화도시 기본계획>은 처음으로 계획 명에 '기본계획'이라는 표현과 '문화도시'라는 표현을 사용한다. 본격적으로 문화도시를 지향하는 기본계획으로 계획의 위상과 역할을 설정한 것이다. 이러한 배경에서 '행복', '함께', '문화도시'와 같은 키워드로 비전이 구성되었고, 핵심가치로 다양성, 공공성, 자생성 등이 제시되었다. 다양성을 존중하고, 공공성은 확대하며, 자생성을 강화하기 위해 정책목표를 설정하고, 추진과제를 제시하고 있다.

■ 인천 문화도시 기본계획의 비전과 목표

비전	핵심가치	목표	추진과제
행복한 변화, 함께 만드는 문화 도시	문화 다양성 존중	문화로 다양성이 존중되는 도시	• 다문화정책 강화 • 다양한 문화 향유 세대 지원(중점과제) • 독립 및 소수 문화 지원
		소통이 문화가 되는 도시	• 공공미디어 및 정보유통 활성화(중점과제) • 국내·외 네트워크 강화 • 남북교류 활성화
	문화 공공성 확대	시민이 문화의 주체인 도시	• 시민 중심의 문화공간 확대 및 내실화 • 시민문화커뮤니티확대(중점과제) • 문화매개활동 활성화
		문화로 정체성을 찾는 도시	• 문화유산의 창조적 계승과 향유(중점과제) • 도시 정체성에 맞는 도시경관 창조 • 문화예술생태계 선순환 환경 구축
	문화 자생성 강화	문화로 미래를 준비하는 도시	• 문화산업 인프라 구축 • 문화예술교육 강화(중점과제) • 미래 문화인력 양성
		예술로 도시의 가치를 높이는 도시	• 전문예술공간 확충 • 경쟁력 있는 문화예술행사 개최 • 전문예술인 유인(중점 과제)

자료 : 인천광역시, 〈인천 문화도시 기본계획〉, 2010.)

바다를 등진 해양도시

주목할 만한 점은 현재 문화정책에서 중요하게 논의되고 있는 여러 가지 과제들이 인천 문화도시 기본계획에 상당부분 포함되어 있다는 것이다. 다양한 문화 향유 세대 지원, 독립 및 소수문화 지원, 공공미디어 및 정보유통 활성화 등을 중요한 과제로 제시한 것은 물론이고, 도시경관에 관한 내용이나 문화매개활동 활성화 등도 과제로 선정하고 있다. 그러나 아쉽게도 이 계획에는 해양이나 섬과 관련한 내용이 포함되어 있지 않다.

3. 민선 5기, 인천광역시 문화예술 기본계획

<민선 5기, 인천광역시 문화예술 기본계획>은 인천광역시 민선 5기 출범이후 1년이 경과하는 시기인 2011년에 수립되었다. 문화관련 시장공약사항, 야 3당 정책 합의 과제, 비전과 전략 등 기존의 계획을 총괄 정리하여 문화 분야의 정책방향과 전략, 사업을 일관되게 제시하고, 인천광역시가 보다 명확한 목적의식을 갖고 정책을 집행하도록 하여 문화 도시 인천의 초석을 놓고자 한 것이다. 사실 인천광역시 민선 5기는 정치적으로 대단히 특수한 시기라고 볼 수 있으며, 정책 측면에서는 이전 시 정부의 정책을 부정하는 경향이 도드라졌다. 하지만 문화정책 분야에서는 이전의 정책 내용을 계승하는 모습들이 보인다. 예컨대 '시민이 만드는 행복한 문화도시'라는 비전에서 볼 수 있듯이 이전에 인천 문화정책의 핵심 키워드로 제시된 '시민', '행복', '문화도시'와 같은 키워드가 민선 5기에서도 그대로 사용하고 있다. <민선 5기, 인천광역시 문화예술 기본계획>의 특징은 미션을 인력, 조직, 프로그램, 시설, 유산, 산업 등 6가지로 구분하고, 그에 대한 구체적인 과제를 제시하고 있는 점이다.

■ 민선 5기, 인천광역시 문화예술 기본계획의 비전과 미션

비전	미션	추진과제
시민과 함께 만드는 행복한 문화도시	인력 : 문화시민 공동체의 형성과 문화매개자 교육 강화	• 문화매개자 교육 강화 - 전문인력활동을 위한 종합계획 수립 - 전문인력 채용 인센티브제 도입 - 문화전문대학원 설립 • 문화시민 공동체 형성 - 문화예술교육 중장기 계획 수입 - 시민문화학교 운영 - 문화예술교육지원센터 활성화
	조직 : 개방과 참여를 통한 창의적 조직 구현	• 문화행정 혁신 - 문화정책 및 문화행정 혁신을 위한 민관 TF구성 - 문화예술관련 조례 정비 - 인천광역시 문화예술진흥위원회 개혁 • 문화거버넌스 체계 구축 - 문화예술영역 의제형성 및 협의를 위한 일상적인 체계구축 - 인천문화헌장 실행위원회 구성 - 문화공공성 구현을 위한 지표 개발
	프로그램 : 문화의 생활화, 생활의 문화화	• 문화예술의 생활화 - 생활문화 발굴 - 시민 예술동아리 지원 - 일상적 문화활동 확대 - 지역 예술인 발표기회 확대 • 문화행사의 재구조화 - 인천광역시 축제위원회 구성 : 대표축제 개발, 축제평가 - 문화예술활동 사후평가 강화 - 평화도시 프로젝트
	시설 : 효율적 시설 운영, 시민밀착형 시설 확충	• 전문성, 효율성, 창작역량 강화를 위한 운영혁신 - 인천종합문화예술회관 : 비전과 미션 재정립, 예술단 운영 개혁 - 인천시립박물관 : 역사관련 전시관 연계사업, 유물확충, 운영 전문성 제고 • 특성화, 시민밀착형 문화시설 건립 - 시설 별 특성화 : 인천시립미술관 건립 - 시민밀착형 시설 확충 : 주민자치센터, 문화사랑방, 시민참여형 창작공간, 문화공간 확충 - 책읽기 생활화 도서관 확충 : 중소규모 도서관 확충
	유산 : 기억과 보존에서 창조의 원천으로	• 유·무형 문화재 보존과 활용 - 시사편찬위원회 및 문화재위원회 내실 운영 - 고려를 중심으로 강화역사문화 활성화 - 시민대상의 문화재 교육 활성화 • 구도심 문화창조 - 개항장, 배다리, 문화산업지구 활성화

바다를 등진 해양도시

비전	미션	추진과제
시민과 함께 만드는 행복한 문화도시	산업 : 기초예술에 기반한 문화예술 콘텐츠 활성화	• 창조적 문화산업 육성 - 문화콘텐츠산업 기본계획 수정보안 - 문화콘텐츠산업 총괄 추진을 위한 지원센터 설립 - 영상문화활성화를 위한 운영체계 일원화 • 역사, 문화자원의 콘텐츠화 - 역사, 문화벨트 발굴 - 스토리텔링 강화 - 시민참여 활성화

자료 : 인천광역시, 〈민선 5기, 인천광역시 문화예술 기본계획〉, 2011.

이 계획에서 처음으로 '문화의 생활화, 생활의 문화화'라는 측면에서 평화도시 프로젝트가 해양과 연관되어 제시된다. 사실 평화도시 프로젝트를 추진하게 된 가장 큰 계기는 바로 2002년에 발발한 '연평해전'이었다. 연평해전 이후 인천에 덧씌워진 '교전 중인 도시'라는 부정적인 이미지를 '아시아 평화에 기여하는 평화도시'로 개선하고자 연평도, 백령도를 중심으로 평화주제 문화사업을 확대하고자 한 것이다. 구체적으로는 2011년부터 백령도를 중심으로 진행 중이던 '인천 평화미술 프로젝트'를 확대할 것을 제안하고 있다. 당시 이 프로젝트의 수행 과정에 문화예술인들의 손으로 '인천평화선언'의 기초 작업이 진행되었다.

또한 '기억과 보존에서 창조의 원천으로'라는 측면에서 강화 역사문화유산 계승 발전에 관한 구체적인 방안을 제시하고 있는데, 강화역사문화재단 설립, 고려문화재연구소 설립 추진, 고려국립박물관 건립 추진 등을 제안하고, 강화도 전체를 에코뮤지엄화할 것을 제시하고 있다. 이후 2013년 9월에 강화고려역사재단이 출범하였고, 2017년 9월에 국립강화문화재연구소가 강화도에 개소하였다.

4. 문화성시 인천

　인천시 민선 6기 중반기를 맞
아 인천주권 찾기의 문화분야
정책으로 〈문화성시 인천〉 계
획이 수립되었다. 내용을 살펴
보면 인천가치 재창조를 통해
문화주권을 실현하고, 문화인프
라를 확대하여 세계적 수준의

■ 인천 문화도시 기본계획의 비전과 목표

목표	전략	추진과제
세계유일 문화 콘텐츠 창조	인천가치 재창조로 문화주권 실현	• 개항문화플랫폼 확대 • 새로운 인천고유 역사공간 확대 • 인천 역사문화공간 국립화 격상 • 강화해양관방유적 유네스코 세계유산 등재
세계적 수준의 문화공간 조성	문화인프라 구축	• 시립미술관 건립과 인천뮤지엄파크 건립 • 청년문화창작소 건립 • 문화예술의 본산 집적화 및 이전 • 국립문화공간 유치 • 아트센터 인천 국가대표 전용홀 조성 • 작은 문화공간 설립 및 지원 확대
시민의 문화적 권리 실현	생활문화 활성화	• 생활문화센터 확대 및 프로그램 활성화 • 상설 인천대표 공연 창작 • 글로벌 음악축제도시 추진 • 생활문화 기반·콘텐츠 확대 • 인력양성 및 교육 • 예술인 복지 및 문화다양성 존중 • 역사, 문화벨트 발굴
		• 문화예산 3.0 단계적 달성 • 실천추진체계 구축 • 문화관광산업 육성

자료 : 인천광역시, 〈문화성시 인천〉, 2016.

문화공간을 조성하며, 시민의 생활문화를 활성화하기 위한 19개 분야별 추진과제를 제시하고 있다. 또한 역점 사업으로 '아트플랫폼을 개항문화 플랫폼으로 확대', '새로운 인천 고유 역사공간 확대', '시립미술관 건립과 인천뮤지엄파크 설립', '청년예술가를 위한 창작의 요람 역할을 할 청년문화창작소 설립', '인천의 문화예술 본산의 집적화 및 시민 가까이로의 이전', '시민주도의 생활문화센터 확대', '상설 공연을 염두한 인천 대표공연 개발' 7개를 선정했다. 특이할 만한 것은 문화예산을 1.9%에서 2020년도 3.0%로 단계적으로 확대하겠다는 목표를 제시하고 있는 점이다.

이 계획에서 해양과 관련해 '섬 관광 활성화'가 본격적으로 추진되었다. 구체적으로는 송도-경인아라뱃길 연계 프로그램, 섬 음악 콘서트, 힐링캠프 등의 사업을 제안하고 있는데, 그 중 인천 섬 관광 활성화를 위해 기획된 '주섬주섬 음악회'는 2016년 8월에 덕적도에서 개최된 이후 꾸준히 이어지고 있다.

5. 인천 문화도시 종합발전계획(2018-2022)

2017년에 인천시는 〈인천 문화도시 종합발전계획(2018-2022)〉을 수립하였다. 이 계획은 변화하는 미래환경에 대응한 문화도시 패러다임을 능동적으로 수용하고, 국내 지역문화 환경변화에 따른 지역문화진흥 법제적 연계기반을 구축하기 위해 수립되었으며 '시민과 함께 행복한 문화성시 인천'을 비전으로, 공감, 공존, 공영을 3대 핵심가치로 제시하고 있다. 또한 핵심 실천범주로는 문화주체, 문화활동, 문화공간, 문화공동체, 문화산업을 제시하고, 기반 실천범주로 문화연동, 문화협영, 문화재원을 제시하였다.

■ 제2차 인천시 문화진흥시행계획(2020-2024)의 비전과 전략

비전	함께 가꾸며 삶을 바꾸는 문화도시 인천		
가치	자치	공생	변화
목표	• 시민 문화자치도 증가(문화 분야 주민참여예산: '19년 12억원→'24년 25억원) • 시민 여가생활 만족도(인천사회지표: '19년 2.97점/5점→'24년 3.5점/5점) • 삶에 대한 행복도 증가(인천사회지표: '19년 5.87점/10점→'24년 6.5점/10점)		
전략 및 핵심 과제	문화자치 기반 조성	• 문화자치 추진기반 구축 • 지역문화 협력체계 강화 • 문화자치 재정 확보 • 문화자치 역량 강화	
	문화적 포용성과 다양성 증진	• 인천형 문화예술교육 강화 • 지역별 생활문화활동 다양화 • 예술인 창작 지원 및 복리 증진 • 문화다양성 증진 및 가치 확산	
	지역문화자원 발굴·활용 진흥	• 문화자원 발굴 및 융합적 활용 활성화 • 지역특화 콘텐츠산업 육성 • 생활권 로컬관광산업 육성 • 스마트 마이스산업 특성화	
	문화격차 해소 및 문화재생 추진	• 지역특화 문화도시 조성 지원 • 문화기반시설 전략적 확충 • 문화취약지역 문화접근성 확대 • 사회혁신형 문화활동 지원	

자료 : 인천광역시, 〈제2차 인천시 문화진흥시행계획(2020-2024)〉, 2020.

이 계획에서 해양과 관련된 사업은 두 번째 전략인 '문화적 포용성과 다양성 증진'의 네 번째 핵심과제 '문화다양성 증진 및 가치 확산' 부분에 크게 3가지로 제시되었다. 첫째는 인천이 보유한 섬을 활용하여 섬 문화자원의 가치를 확산하고 문화다양성을 증대하기 위한 '섬 문화 특화사업 추진'으로 섬 문화콘텐츠 발굴 지원, 섬 문화

바다를 등진 해양도시

특화지역 선정 및 지원, 도서지역 해양관광 프로그램 활성화 지원 등이 있고, 둘째는 인천의 해양문화자원을 문화콘텐츠로 활용하기 위한 '해양문화콘텐츠 발굴 및 활성화' 사업으로 해양설화 발굴 및 활용, 해안가 개방 추진 및 문화공간 조성, 국립 해양박물관(2024년 완공 예정) 연계 활용 방안 마련 등이 제시되었다. 마지막으로 '평화도시 문화사업 추진'에는 백령도 평

화예술 섬 프로젝트, 평화창작가요제, 서해평화예술 프로젝트, 접경지역 평화탐방, 평화포럼 개최 등이 포함되어 있다.

백령도와 관련해서 주목할 만한 부분은 2018년 문화체육관광부가 수립한 〈문화비전 2030〉 가운데 의제8 '미래와 평화를 위한 문화협력 확대'의 추진과제로 '백령도 문화(평화)의 섬 프로젝트 추진'이 제안된 바 있다는 점이다. 이 내용을 좀 더 살펴보면, 백령도와 서해 5도, DMZ가 군사·안보적 대립과 갈등이 가장 첨예한 지정학적 환경에 놓여 있으면서 한반도 생태환경의 보고라는 점에 주목해 세계 유일의 분단국가인 한반도에서 전 세계인이 문화를 모티브로 만나고, 교류하고, 협력하면 평화의 거점으로 전환될 수 있다는 전망을 담고 있다. 이러한 배경 하에 백령도의 지정학적 위치를 활용한 생태형 문화관광을 지향하는 공간으로 구상한다는 계획으로, 이 프로젝트의 단계별 추진방안이 제시되어 있다. 인천에서 이러한 프로젝트를 적극적으로 활용하기 위한 준비가 필요함을 알 수 있는 대목이다.

■ 백령도 평화(문화)의 섬 프로젝트 단계별 추진 방안

1단계	안보기반시설(반공호, 갱도)을 국제예술가 레지던시 시설로 전환하여 국제적으로 활동하는 예술가, 평화아티스트 등이 참여하는 '국제평화문화예술축제(가칭)' 등을 개최하고 그들이 상주할 수 있는 여건 조성
2단계	천혜의 자연·생태환경(자연활주로, 섬 면적 등)을 활용하고 한중일 평화자본을 유치해(특별경제자유구역 지정 등) 전략적 문화정책으로 추진함으로써 단기적으로 연간 수백만 명이 이용하는 인천공항 환승객의 유입 효과는 물론 동남아 관광객을 유치해 군사적 긴장완화 도모
3단계	서해5도와 한반도의 서해·남해에 흩어져 있는 섬(3,300여 개) 자원 개발을 촉진하고, 여가·레저·수상산업의 획기적 발전과 동남아 문화관광산업이 동북아 중심으로 재편되는 계기 마련

자료 : 문화체육관광부, 〈문화비전 2030〉, 2018.

전체적으로 살펴본 바와 같이 지금까지 수립된 인천의 문화예술 중장기 계획에서 해양문화와 관련한 내용이 본격적으로 다루어졌다고 보기는 어렵다. 반복해서 제시된 몇 가지 사업이 있기는 하지만 이러한 사업들은 해양문화의 관점에서 제시된 것이 아니라 정치적, 경제적 필요에 따라 섬과 바다를 활용하기 위한 아이디어로 제시된 측면이 강하기 때문이다. 해양문화의 관점에서 해양과 섬을 통합적으로 바라보며 지금까지 기획되고 추진되었던 사업들을 비판적으로 살펴보는 것으로부터 해양문화에 대한 문화정책적 접근이 가능해 질 것이다.

　　　　　　　　　　　　　　　　　　　바다를 등진 해양도시

인천의 섬과
섬 정책

심진범

1. 인천시 섬 현황 및 특징

인천시에 소재한 전체 섬은 168개소로 이중 유인도는 32개소, 연육도 서는 8개소, 무인도서는 128개소가 소재하고 있다. 지역별로는 옹진군 지역에 68.5%가 분포하며 다음으로 강화군, 중구 순으로 분포하고 있다. 인천시 전체 도서 면적은 689.82㎢ 규모이며 유형별로는 유인도서 165.21 ㎢, 연육 도서 514.91㎢, 무인도서 9.70㎢ 규모이다. 도서개발촉진법에 따른 개발대상도서[1]는 중구, 서구, 강화군, 옹진군 4개 지역에 32개소가 지정되어 있으며 이는 전국 372개소 대비 8.6% 수준이다(심진범, 2018).

---

* 이 글은 심진범(2018)의 〈인천시 섬 활성화 중간지원조직의 역할 및 운영방안 연구〉와 심진범·김지선(2017)의 〈인천시 섬 관광 활성화 사업 추진실태 분석 연구〉의 관련 내용을 발췌하여 재구성한 글이다.

1 도서개발촉진법 제4조에 따라 개발대상도서를 지정하고, 이를 대상으로 도서종합발전 10개년 계획을 수립한다. 개발대상도서 지정기준은 10인 이상 인구가 상시 거주하는 도서이며, 10인 미만 인구가 상시 거주하는 도서는 도서 특성을 감안하여 필요 인정시 지정이 가능하다.

■ 인천시 섬 현황 (단위 : 개소, 천㎡)

구분	도서수				면적			
	계	유인도서	무인도서	연육도서	계	유인도서	무인도서	연육도서
계	168	32	128	8	689,820	165,210	9,703	514,907
중구	13	3	9	1	110,717	10,310	494	99,913
동구	1	-	1	-	73	-	73	-
서구	8	1	7	-	480	409	71	-
강화군	31	7	19	5	406,377	16,087	660	389,630
옹진군	115	21	92	2	172,173	138,404	8,405	25,364

자료 : 인천광역시 해양도서정책과 내부자료(2018), 도서현황.

공간구조 측면에서 인천시는 다수의 섬의 200km에 걸쳐 산재된 형태로 분포하며 육지근접형, 군도형, 고립형 섬이 혼재한 특징이 있다. 산재된 공간구조 상 섬 간 이동에 제약이 있으며 면 소재지를 중심으로 기초생활권이 형성되어 있다(인천광역시, 2016). 개발대상도서의 육지와의 평균 거리는 59.1km로 전국 평균 19.6km에 비해 원격지 도서의 특징이 있다(행정자치부, 2016.12).

사회·경제적 측면에서 인천시 유인도의 인구는 16,833명이며, 고령화율은 33%로 전체적으로 섬 활성화 사업 주체가 부족한 상황이다. 인구 300인 초과 도서는 11개소로 개발대상도서 32개소 대비 34.4% 수준이다.[2] 도서민의 주요 소득은 1차 산업(농업 및 어업)의 비중이 67.4%에 달하며, 일부 도서지역을 중심으로 숙박업 중심의 관광서비스업이 발달해 있다(인천광역시, 2016).

---

2 〈제4차 도서종합개발계획〉에서는 섬 규모에 따른 유형 분류에서 면적 기준 5㎢ 초과 또는 인구 기준 300인 이상을 대규모 섬으로 분류하고 있다.

바다를 등진 해양도시

2. 섬 활성화 관련 제도 및 정책

섬 지역 관련 주요 법률로는 도서개발촉진법, 서해5도 지원 특별법, 무인도서의 보전 및 관리에 관한 법률, 독도 등 도서지역의 생태계 보전에 관한 특별법, 국가균형발전 특별법 등이 있으며 관련 법률에 근거하여 인천시의 유·무인 도서가 지정·관리되고 있다. 그 외 해운법, 수산업·어촌 발전 기본법, 연안관리법, 자연공원법, 관광진흥법, 도서·벽지교육진흥법 등 다양한 법률이 도서 정책의 법률적 근거가 된다(심진범·김지선, 2017). 최근에는 해양공간계획 및 관리에 관한 법률(2019.4.18.시행), 해양교육 및 해양문화의 활성화에 관한 법률(2021.2.19.시행)이 시행되는 등 도서지역 관련 법률은 확대되는 양상이다.

정부의 섬 활성화 정책은 1986년 제정된 도서개발촉진법을 기반으로 제1차 도서종합개발 10개년 계획 수립 이후 본격적으로 추진되었으며 시대적 상황에 따라 정책목표와 방향성이 변화되어 왔다. 1980~90년대 도서종합개발계획은 섬 주민의 생활 편의 및 소득기반시설 개선을 목적으로 한 인프라 중심의 사업이 추진되었으며, 2000년대부터는 매력있고 살기 좋은 섬 창출을 정책 목표로 섬별 유형화·특성화를 지향하였다. 제4차 도서종합개발 10개년 계획(2018~2028)에서는 주민 삶의 질 선진화, 섬의 특색있는 문화·환경 극대화 등을 통한 성장동력화를 강조하고 있다. 도서종합개발계획을 통해 확인할 수 있는 정부 섬 활성화 정책의 기조는 낙후성 극복, 기초 인프라 확충 중심에서 도서지역 특성화, 주민 삶의 질 개선 등으로 변화해왔다고 할 수 있다(심진범, 2018).

■ 도서종합개발계획의 변화

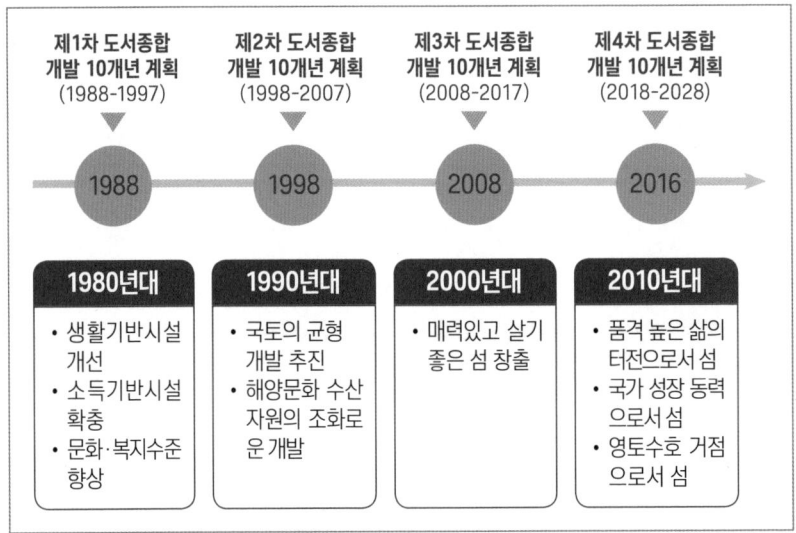

자료:심진범, 2018.

　인천시의 섬 정책은 과거 낙후성 극복, 생활기반시설 확충 위주에서
섬 특성화, 도서경관, 해상교통, 문화예술, 해양레저, 관광활성화 등으로
정책 영역과 사업이 확대되어 왔다(심진범, 2018). 그리고 인천시의 개발
대상도서가 행정안전부의 특수상황지역으로 관리됨에 따라 인천시는 정
부 지원 특수상황지역 개발사업과 연계하여 살고 싶은 섬 마을 만들기
사업을 추진하고 있다. 인천시는 섬 정책의 제도적 안정성을 위해 섬 주
민 삶의 질 향상과 지속 가능한 도서 발전 지원을 위한 인천광역시 도서
발전 지원 조례(2019.2.20.시행)를 제정하였으며 이 조례에 근거하여 인
천광역시 도서발전 지원센터를 운영(2020년 설치)하고 있다. 같은 조례
에 근거하여 2021년부터는 도서발전 정책의 기본목표 및 추진과제 등을
포함하는 인천광역시 도서 발전 기본계획을 5년 마다 수립할 계획이다.

3. 섬·해양정책의 통합적 관점에서 본 몇 가지 제언

전술한 것처럼 섬은 다수의 법률적 근거에 기반하여 정책 대상이 되며 최근에는 해양공간, 해양문화 등 해양정책의 공간적 거점으로서 그 중요성이 부각되고 있다. 이와 같은 맥락에서 향후 인천시의 섬·해양정책은 상호 간의 영향관계와 의존적 구조를 고려한 전체적 시각과 통합적 접근이 필요하며 관련하여 몇 가지 과제를 제언하면 다음과 같다.

첫째, 인천시 섬·해양정책의 비전 및 아젠다를 개발하고 이를 지역사회 전반과 공유할 필요가 있다. 가칭 인천 섬·해양문화권 등 행정, 공공기관, 관련 단체, 지역주민 등이 공유할 수 있는 미래 비전을 설계하고 이를 토대로 점진적이고 일관된 정책 추진이 필요하다. 바다의 복권(復權)이라는 비전으로 지역활성화 사업이 진행된 세토우치 예술프로젝트는 폭 넓게 알려진 선행 사례이다.

둘째, 해양공간(섬, 친수공간, 항만 등), 해양경제, 해양생태, 해양문화, 접근성 등 섬·해양정책에 대한 전체적 시각과 통합적 접근이 필요하다. 섬·해양정책과 관련하여 분화된 법률, 계획, 정책, 조직, 역량, 사업 등의 문제와 한계를 어떻게 극복할 것인가는 정책의 중요한 이슈이자 당면 과제라 할 수 있다. 부서 단위의 시각이나 기관 단위의 접근에서 벗어나 상호 영향관계에 대한 이해와 시스템적 접근이 필요한 것이다.

셋째, 섬·해양정책과 관련된 거버넌스 구조의 정책 리더십이 필요하다. 광역·기초 행정 및 의회, 정부 및 유관기관, 시민사회, 지역주민, 전문가 등 다양한 이해관계자가 협력·상호작용하는 시스템은 지속가능한 섬·해양정책의 기본적인 토대가 된다. 인천시 섬·해양정책 거버넌스의 안정적 운용을 위해서는 관련 조례와 협치 예산 등 제도적 지원구조가 뒷받침되어야 한다.

마지막으로 시민과 민간의 참여와 지지는 섬·해양정책의 가장 큰 동력이 된다. 인천시의 섬·해양정책은 지역사회와의 밀착된 구조 하에서 실질적인 문제 해결과 지역활성화를 지향할 필요가 있으며, 시민의 해양인식 제고와 참여를 통해 해양도시 정체성을 강화하는 방향으로 추진될 필요가 있다. 섬·해양이라는 자산과 공간을 매개로 지역주민, 시민, 대학, 기업 등 민간 부문의 참여를 유도·지원하는 정책의 역할이 중요한 것이다.

바다를 등진 해양도시

참고자료

심진범(2018). 인천시 섬 활성화 중간지원조직의 역할 및 운영방안 연구. 인천연
　　구원.
심진범·김지선(2017). 인천시 섬 관광활성화 사업 추진실태 분석 연구. 인천발
　　전연구원.
인천광역시(2016). 인천 가치 재창조를 위한 인천도서발전기본계획.
행정자치부(2016.12). 제4차 도서종합개발10개년계획(2018~2027).

제6장

인천의
미래와 해양문화

인천시 남북 사회문화교류의 현황과 과제

최영화

인천경기만을 세계자연유산으로

장정구

인천시 **남북 사회문화교류**의 현황과 과제

최영화

　인천시가 '해양문화'를 전략적으로 구상한다고 할 때 남북교류의 문제가 핵심적인 과제로 떠오를 수밖에 없다. 이것은 인천의 해양이 지닌 지정학적 특수성과도 밀접한 관련이 있는데, 이를 위해 그동안 인천시의 남북교류 현황을 살펴볼 필요가 있다. 아래 내용은 2019년에 인천연구원에서 〈남북 평화협력시대 평화도시 인천 비전 및 전략 연구〉를 수행하며 문화 분야에서 논의했던 내용이다.

1. 남북 사회문화교류의 이해

　「남북교류협력에 관한 법률」, 「남북관계 발전에 관한 법률」 등 관련 법률과 〈남북관계 발전 기본계획〉 등에 제시된 문화 분야 남북교류협력의 범위를 살펴보면 크게 '사회문화교류'와 '인도적 지원'으로 구분된다. '사회문화교류' 분야는 주로 문화예술, 역사, 체육, 학술 등의 교류를 내용으로 하는데, '해양문화'는 사회문화교류 중에서도 문화예술이나 역사 분야와 관련이 있다고 할 수 있다.

■ 법률 및 규정상 남교류협력 범위

구분	법률/규정명	남북교류협력 범위
중앙	남북교류협력에 관한 법률	• 남한과 북한의 주민이 공동으로 하는 문화, 관광, 보건의료, 체육, 학술, 경제에 관한 모든 활동
	남북사회문화협력사업 처리에 관한 규정	• 조사·연구, 제작·공연, 방송프로그램, 체육행사, 연구단체 및 청소년단체 육성, 기타
	남북관계 발전에 관한 법률	• 민족동질성 회복 위한 사회문화 분야의 교류협력 활성화
인천	인천광역시 평화도시 조성에 관한 조례	• 문화·학술·역사·체육·관광·경제에 관한 사항

■ 제3차 남북관계 발전 기본계획상 남북교류협력 범위

계획명	추진과제	남북교류협력 범위
제3차 남북관계 발전 기본계획 (2018~2022)	남북관계 발전을 위한 교류협력 확대	• 민간·지자체 차원의 교류 적극 지원 • 문화·예술·체육·종교·산림·환경 등 교류협력 확대 추진 • 민족동질성 회복 사업 지속 추진(겨레말큰사전, 개성만월대, 철원 궁예도성 발굴) • 국제체육대회·학술회의 활동 접촉면 확대 • 여성·청소년·교육·방송 등 민간교류 확대 지원 • 남북교류협력 추진체계 및 제도 개선

〈제3차 남북관계 발전 기본계획〉(2018~2022)까지 수립되기도 했으나, 그동안 중앙정부의 사회문화교류는 활발하게 이루어지지 못했다. 이 분야가 워낙에 정치적 상황에 직접적인 영향을 받기 때문에 잘 될 때는 교류가 활발히 진행되다가도 상황이 변하면 완전히 단절되는 방식으로 부침을 겪어왔다. 즉 내부동력보다는 남북관계의 정치적 상황에 직접적인 영향을 받는다는 것이 남북 사회문화교류의 근본적 한계라고 할 수

바다를 등진 해양도시

있다. 또한 그동안 남북 간의 사회문화교류는 상호 소통을 지향하기보다는 남한이 주도하여 진행된 일방향적 교류, 즉 북한에 남측 교류단을 보내거나 북측 교류단을 초청을 하는 방식으로 진행되어왔다는 특징도 보인다. 때문에 북한 예술인들과의 실질적 교류·협력이나 북한주민을 대상으로 한 문화교류 사업은 미흡했다는 점도 한계하고 할 수 있다.

지방정부의 사회문화교류 역시 1990년대 말부터 시작되었으나 남북관계의 영향 아래 다소 더디게 진행된 측면이 있다. 2014년을 기준으로 보면 남북교류협력사업 관련 조례를 제정·운영하는 지방정부는 광역자치단체 17개, 기초자치단체 39개에 이른다. 교류·협력을 위한 법적 기반은 갖추었으나, 그동안 지자체들의 활동을 보면 상대적으로 인도적 지원 분야는 활발하게 진행된 반면 사회문화교류 분야는 그다지 활성화되지 못했다. 기존에 추진된 사회문화교류 사업도 문화예술이나 학술 분야에 비해 체육 분야의 교류가 상대적으로 활발하게 진행된 편이라고 할 수 있다.

그렇다면 인천시의 경우는 어떠한가? 인천의 사회문화교류는 1984년 북한이 서울·경기지역 홍수피해 복구용 구호물품을 화물선에 실어 인천항에 보낸 인도적 지원에서 시작되었다고 할 수 있다. 이후 인천에서 본격적인 남북 간 문화교류는 2005년부터 2015년 사이에 스포츠를 중심으로 진행되었다. 특히 2014년 인천 아시안게임에 북한선수단이 참여하면서 스포츠 분야에서의 남북교류가 커다란 성과를 보이기도 했다. 그러나 10여 년에 걸쳐 지속된 인천시의 스포츠 분야 남북교류 사업은 대체로 중국 지역에서 개최되는 스포츠 행사에 북한선수단의 체류비를 지원하거나 스포츠 용품을 보내주는 등의 소극적이고 일방향적인 방식으로 진행되어 교류·협력의 성과를 축적하기에는 한계가 있었다.

연도	주요내용	지원사항
2005	제 16회 인천 아시아 육상경기 선수권 대회 북한 참가	• 선수단·공연단 체재비 등
2007	평양시 체육단 축구장 현대화 사업	• 인조잔디 교체 등
2009	남북 축구대표팀(프로·유소년) 친선경기 대회(중국 곤명)	• 선수단 체재비 등
	남북 유소년 축구팀 합동 전지훈련(중국 곤명)	• 선수단 체재비 등
2011	인천평화컵 유소년 축구대회(중국 곤명)*	• 선수단 체재비 등
2012	인천평화컵 유소년 축구대회(중국 곤명)	• 선수단 체재비 등
2013	인천평화컵 유소년 축구대회(중국 하이난)	• 선수단 체재비 등
2014	인천평화컵 국제 여자 유소년 축구대회(중국 광저우)	• 선수단 체재비 등
	북한선수단 장비 지원	• 축구화 700켤레 등
2015	성인 축구대회 개최(중국 사천성)	• 선수단 체재비 등

자료: 인천광역시 남북교류협력담당관(2019.2.22.), 2019 인천광역시 남북교류 추진계획(안)

2. 여건 및 동향

1) 중앙정부 정책 동향

중앙정부는 「남북관계 발전에 관한 법률」에 따라 〈제3차 남북관계발전 기본계획(2018-2022)〉을 수립했다. 해당 계획 중 사회문화교류협력과 관련해서는 '남북교류 활성화·다양화'가 대표과제로 제시되었고, 관련 추진과제와 세부사업도 많이 제안되었다. 3차 계획에서는 민간 또는 지자체 차원의 교류협력을 적극 지원한다는 내용이 포함된 점이 특징적이라고 할 수 있으나, 남북관계 경색에 따라 적극적인 교류와 협력은 제대로 진행하지 못하고 있다.

대표과제	추진과제	세부내용
남북교류 활성화 ·다양화	남북관계 발전을 위한 교류협력 확대	• 남북 당국간 합의사항 이행 통한 교류협력 기반 강화 • 민간차원의 교류 적극 지원 및 문화·예술·체육·종교·산림·환경 등 다양한 분야에서 교류협력 확대 추진 • 6.15등 각계각층이 참가하는 남북 공동행사 적극 추진 • 국제체육대회·학술회의 등 국제행사 활용 접촉면 확대 • 서해평화수역공동어로 추진, 철원 궁예도성 발굴 협력
	자율성을 바탕으로 민간·지자체 교류협력의 안정적 발전 지원	• 민족동질성 회복 사업 지속 추진(성만월대 발굴 사업 등) • 여성·청소년·교육·방송 등 다양한 분야 민간교류 확대 지원 • 지자체 차원 교류협력 적극 지원(지자체와 협력체계 구축) • 남북간 인적·물적 교류 활성화 위한 제도적 기반 확충 • 국제기구, 국제NGO 등 국제사회 통한 교류협력 사업 확대
	남북교류협력 추진체계 및 제도 개선	• 교류협력 관련 법·제도 정비 통한 민간·지자체 자율성 확대 및 접촉·왕래 편의성 제고 등 교류협력 활성화 지원 • 반출입 절차 및 교역·경협 보험제도 등 개선·보완 추진 • 교류협력의 지속성 및 예측 가능성 뒷받침할 수 있도록 남북간 합의서 등 제도적 장치 마련, 지속 정비

자료 : 대한민국 정부(2018.12.), 제3차 남북관계발전 기본계획(2018-2022) 및 2018년도 시행계획

한편 문화체육관광부는 2018년에 중장기 문화종합계획인 〈문화비전 2030〉을 발표했는데, 그 가운데 '미래와 평화를 위한 문화협력 확대(의제 8)'에 남북한 문화교류와 관련된 사항이 다수 포함되어 있다. 대표과제로는 '문화·체육·관광 분야 남북 교류협력사업의 획기적 전환'과 '한반

도 평화를 여는 문화의섬·문화로드 프로젝트'가 제시되어 있는데, 이 중 두 번째 대표과제의 추진과제인 '백령도 문화(평화)의 섬 프로젝트 추진' 과 'DMZ 문화로드 프로젝트 추진'이 인천시와 관련이 크다.

'백령도 문화(평화)의 섬 프로젝트 추진' 과제의 세부내용을 살펴보면, 바다를 사이에 두고 북한과 접경지역에 위치한 백령도의 안보시설을 국제예술가 레지던시로 전환하고, 이러한 기반을 토대로 '국제평화문화예술축제'를 개최한다는 계획이다. 다음 단계로는 자연·생태환경을 활용한 전략적 문화정책을 추진하고, 최종적으로는 섬 자원 개발 촉진 및 동북아 문화관광산업을 재편한다는 내용이 제시되어 있다.

이는 중앙정부의 중장기 문화계획에 포함된 사업내용이지만 인천을 중심으로 남북한 사회문화교류 사업을 추진할 때 해양문화의 관점이 필요한 사업이라고 할 수 있으며, 이에 대한 인천시의 정책적 준비도 필요할 것으로 보인다.

■ 문화비전 2030 중 사회문화교류 관련 내용

대표과제	추진과제	세부내용
문화·체육·관광 분야 남북 교류협력사업의 획기적 전환	지속가능한 남북문화교류협력 기반 마련	• 지속가능한 남북 문화·관광·체육 분야 교류협력 위한 제도적 기반 구축 •「남북 문화교류협력 사업백서」 발간 및 사업추진 매뉴얼 발간·보급 • 북한관광과 남북교차관광 재개 및 활성화 위한 기반 정비
	남북 문화·예술· 체육·관광 교류 확대와 활성화	• 남북문화유산 공동실태조사 및 남북종교지도자 정례회의 추진 • 남북 관광 협력사업 개발: 금강산 관광을 넘어 남북 교차관광 활성화 • 지속가능한 남북 체육교류협력사업 기반 마련: 국제대회 공동개최, 공동진출 등 확대 • 한반도 평화를 위한 국제 스포츠 이벤트 공동개최 추진

바다를 등진 해양도시

대표과제	추진과제	세부내용
문화·체육·관광 분야 남북 교류협력사업의 획기적 전환	남북 문화동질성 회복 프로젝트 추진	• 남북 공유문화(문화원형)발굴 프로젝트 추진 • 남북언어 통합 위한 언어 실태 연구와 학술교류 확대 • 민족동질성 회복 기반 마련 위한 탈북민 언어소통 지원과 남북언어 관련 국민 인식 제고 • 남북 문화유산·문화재 상설전시 추진 • 남북한 도서관 교류 협렵사업 전개 • 미래 통일세대 위한 문화동질성 회복 프로그램 개발
한반도 평화를 여는 문화의 섬·문화로드 프로젝트	백령도 문화(평화)의 섬 프로젝트 추진	• '백령도 문화(평화)의 섬' 프로젝트 추진 - 1단계: 안보기반시설의 국제예술가 레지던시 전환, 국제평화문화예술축제(가칭) 개최 - 2단계: 자연·생태환경 활용한 전략적 문화정책 추진 - 3단계: 서해5도 등 섬자원 개발 촉진 및 동북아 문화관광산업 재편
	DMZ 문화로드 프로젝트 추진	• DMZ문화로드·유라시아 평화문화철도 프로젝트 추진 • 문화로 여는 평화 페스티벌 확대 추진

자료 : 대한민국 정부(2018.12.), 제3차 남북관계발전 기본계획(2018-2022) 및 2018년도 시행계획

이 외에도 〈문화비전 2030〉에 수록된 '남북 문화동질성 회복 프로젝트 추진' 과제와 관련하여 인천의 경우 황해도 문화자산을 활용한 교류협력사업을 모색해볼 필요가 있다. 인천시는 황해도 지역과 관계된 무형문화자산이나 해양문화와 연관된 굿이나 설화 등 문화자산을 다수 보유하고 있기 때문이다. 한 예로 인천시가 보유한 국가무형문화재인 은율탈춤도 본래 황해도 지역의 문화자산이기 때문에 이러한 남북한 공유 문화유산을 토대로 남북교류를 추진해 볼 수도 있을 것이다.

(2) 인천시 정책 동향

인천시의 경우에는 2019년에 〈인천광역시 평화도시 기본계획〉을 수립했는데, 이 중 남북 문화교류와 관련된 전략으로는 '평화와 번영을 위한 남북교류협력 활성화'가 제시되었다. 해당 전략을 추진하기 위한 3대 과제로는 '남북 문화예술교류 활성화', '남북 역사문화교류 활성화', '남북 체육교류 활성화'가 분야별로 제안되었다.

■ 남북 평화협력시대 평화도시 인천 비전 및 전략 연구 중 사회문화교류 관련 내용

대표과제	추진과제	세부내용
남북 문화예술교류 활성화	평화도시 문화예술 교류행사 개최	• 문화예술 장르별 교류행사 추진, 남북예술인 교류협력 사업 운영, 인천 평화미술 국제 비엔날레 개최
	평화도시 인천 문화기반 조성	• 인천평화공원 및 평화기념관 조성·운영, 북한문화 상설 전시체험관 조성·운영, 인천 남북문화예술교류센터 설치
	남북합작 문화컨텐츠 제작	• 남북합작 문화콘텐츠 조사 및 발굴, 남북합작 문화콘텐츠 제작 및 활용
남북 역사문화교류 활성화	고려역사 및 문화유산 공동조사	• 강화-개성 고려문화유산 공동조사, 강화-개성 고려문화유산 공동발굴·복원·정비
	남북공동 학술조사 및 학술대회 개최	• 남북공동 학술조사 진행, 남북공동 학술대회 개최
	평화도시 인천 출판·홍보 추진	• 평화도시 인천 남북교류사례 조사·기록화, 평화도시 인천 정기간행물 발간·홍보
남북 체육교류 활성화	체육분야 상호 인적교류	• 포스트 인천 AG 비전 2014 프로그램 추진, 청소년 스포츠교류(유스프로그램) 활성화
	체육스포츠 이벤트 개최	• 평화기원 국제스포츠대회 개최, 북한선수 초청 스포츠 이벤트 개최
	체육스포츠 시설 공동 이용	• 남북 상호 전지훈련시설 연계 활용, 2032 하계올림픽 시설 연계

자료 : 인천연구원(2019), 남북 평화협력시대 평화도시 인천 비전 및 전략 연구.

바다를 등진 해양도시

남북 문화예술 활성화 분야의 추진과제를 살펴보면, '평화도시 문화예술 교류행사 개최', '평화도시 인천 문화기반 조성', '남북합작 문화콘텐츠 제작'이 있다. 먼저 '평화도시 문화예술 교류행사 개최' 과제의 세부내용 중에는 앞서 살펴본 〈문화비전 2030〉과 연계하여 백령도를 기반으로 하는 '인천 평화미술 국제비엔날레 개최' 등이 포함되어 있다. '평화도시 인천 문화기반 조성' 과제는 주로 인천이 보유하고 있는 여러 안보자원들을 평화자원으로 전환하는 사업과 인천 내에 북한문화를 상시적으로 이해하고 체험할 수 있는 기반을 만드는 사업 등을 담고 있다. '남북합작 문화콘텐츠 제작' 과제는 남북관계에 영향을 받기 때문에 제재국면에서는 남북합작이 가능한 문화콘텐츠를 자체적으로 조사·발굴한 후, 단계적으로 이를 활용하여 남북합작 문화콘텐츠를 제작하는 사업으로 제안되었다.

또한 인천시는 2016년 장기적인 미래계획인 〈인천비전 2050〉을 수립했는데, 여기에도 인천의 지정학적 특수성을 고려하여 '대중국·남북한 교류거점'이라는 아젠다를 제시하고, 4대 실천과제의 하나로 '접경지대

■ 〈인천비전 2050 중 남북 사회문화교류 관련 내용〉

아젠다	실천과제	세부내용
대중국·남북한 교류거점	접경지대 인문유대 및 인적교류 프로그램 마련	• 접경으로서 인천이 갖는 장소성 활용 통일준비사업 필요 - 접경지역 역사·문화자산 활용 남북교류 협력 분야 및 가치 발굴 - 남북접경 문화 복원 및 시민 체감형 사업 추진 • 남북 공동 황해문화 조사·발굴 사업 - 인천 도서지역 및 황해도 공유 문화 조사·발굴 사업 추진 - 황해 무형문화재 조사 및 보유자 왕래·기능 전수 등 인적교류 • 고려 개성·강화 유적 및 문화 학술·조사 추진 - 개성·강화의 고려문화유적 관련 남북 공동 학술교류 및 조사연구 - 고려시대 해상 교통로 등 해로 복원 및 해상관광 자원 창출 • 지역 차원의 남북 인적교류 적응·프로그램 마련 - 남북 인적 상호왕래 증가 및 북한 주민 수용 대비 - 남북 인적교류 및 교육·적응 프로그램 마련

자료 : 인천광역시(2016), 인천비전 2050.

인문유대 및 인적교류 프로그램 마련'이 제안된 바 있다. 세부내용으로 는 접경지역으로서 인천이 갖는 장소성을 활용한 통일 준비사업과 남북 공동 황해문화 조사·발굴 사업이 포함되어 있다.

이처럼 인천시는 중장기 계획에서 '황해문화'와 '해양문화' 등 남북한이 공유하는 문화자원을 토대로 교류·협력을 하기 위한 과제를 꾸준히 발 굴·제시해오고 있다. 현재 남북관계가 경색국면에 있어 남북 사회문화 교류가 활성화되고 있지는 않으나, 인천시 차원에서 관련 자원을 찾고, 관련 기반을 조성하며, 교류·협력을 위한 인력을 발굴하고 육성하는 등, 남북교류·협력의 내적 역량을 키우기 위한 사업은 중단 없이 추진해야 할 것이다.

(3) 인천시 남북교류협력 여건

앞서 중앙정부 및 인천시의 정책 동향을 살펴보았다. 여기서는 이러한 정책과 계획들을 추진하기 위한 토대라고 할 수 있는 인천의 문화시설과 인적자원 등의 여건을 살펴보고자 한다.

먼저 문화시설부터 살펴보면, 인천은 다양한 문화기반시설을 보유하 고 있고, 이러한 시설들이 향후 남북 사회문화교류 사업의 기반으로 활 용될 수 있을 것으로 보인다. 그러나 박물관, 미술관, 문예회관 등 해당 시설들은 별도의 목적사업을 운영하고 있어서, 상시적으로 북한의 문화 예술이나 역사문화, 생활문화 등을 향유하거나 체험하기는 어렵다. 따라 서 향후 인천이 평화도시로서 북한과의 문화교류를 적극적으로 추진하 기 위해서는 인천시민들이 북한의 문화를 접할 수 있는 기반시설의 조성 도 고려해봐야 할 것이다. 그밖에 인천이 보유한 역사문화시설 중에는 무형문화재 전수교육관 2개소가 있다. 향후 인천시와 북한의 공유 역사

바다를 등진 해양도시

문화자산인 황해도 무형문화재의 교류사업을 추진하는데 이러한 기반시설을 활용할 수 있을 것이다. 또한 인천은 2014년에 아시안게임을 개최하면서 다양한 스포츠 경기장을 조성했기 때문에, 향후 남북 스포츠교류의 거점으로 활용이 가능할 것으로 보인다.

■ 인천시 남북교류협력 시설 여건

문화기반시설	역사문화시설	공공체육시설
• 박물관 28개, 미술관 5개, 문예회관 9개, 지방문화원 10개, 지역문화재단 3개를 보유해 향후 사회문화교류 사업 기반으로 활용 가능 • 북한 문화예술, 역사문화, 생활문화 체험·향유 시설은 미비	• 박물관 외 무형문화재 전수교육관 2개(미추홀구, 서구) 보유 • 인천시와 북한의 공유 역사문화자산인 황해도 무형문화재 교류·발굴 사업 추진 가능 • 그외 전통·민속 공연행사 및 전통공예 교류전 개최 가능	• 2014인천아시안게임 개최를 위해 신설된 경기장 10개소, 기존 경기장 5개소 보유 • 국제 스포츠대회를 개최한 전용 경기장인만큼 규모와 시설이 우수하여 향후 남북 스포츠교류의 거점으로 활용 가능

다음으로 남북교류·협력을 위한 인적 여건을 살펴보자. 문화인력으로는 인천시립예술단이 4개(교향악단, 합창단, 무용단, 극단)가 있고, 다수의 예술인과 예술단체가 활동 중이어서, 남북 문화예술교류 시 참여가 가능할 것으로 예상된다. 체육인력으로는 인천시의 전문체육인 프로팀 6개와 실업팀이 다수 있어서 스포츠교류 시 참여할 수 있을 것이다. 학술인력의 경우, 인천문화재단 내 평화문화예술교류사업단(구 인천역사문화센터)에서 남북교류·협력 사업을 운영하고 있어서 전문인력을 일부 보유하고 있으며, 인하대와 인천대 등 관내 대학교에 역사, 인문, 통일 관련 학과나 부설 연구기관이 다수 있어서, 향후 남북 학술교류 시 참여가

가능할 것으로 예상된다. 그러나 남북교류협력사업에 참여할 민간단체는 많지 않은 상황이다. 2019년 기준 인천시 등록 비영리민단단체 705개 중 '평화'와 '통일' 관련 단체는 14개에 불과하며, 통일부가 지정하는 대북지원단체가 총 119개인데 대부분이 서울과 경기도에 밀집해 있고, 인천에는 두 개가 있는 것으로 조사되었다. 인천시가 민간의 남북교류협력 역량을 키우기 위해서는 앞으로 관련 민간단체도 더 많이 발굴하고 육성하는 사업이 필요해 보인다.

■ 인천시 남북교류협력 인적 여건

문화인력	체육인력	학술인력	민간단체
• 인천시립예술단 4개(교향악단, 합창단, 무용단, 극단), 인천예총(4,078명), 인천민예총(192명), 전문예술법인 43개 등 예술인 활동 • 남북 문화예술 교류를 위한 인적자원으로 활용 가능	• 인천시의 전문체육인으로 프로팀 6개(인천 유나이티드FC, 인천 SK 와이번스, 전자랜드 엘리펀츠, 신한은행 어스버드, 대한항공 점보스, 흥국생명 핑크스파이더스) 및 실업팀 다수 보유 • 스포츠교류 참여 가능	• 인천문화재단 내 인천역사문화센터에서 남북교류·협력사업 일부 운영 • 관내 인하대, 인천대 역사학과(사학과) 및 인문학·역사·통일 관련 부설연구기관 8개 운영 • 학술교류 시 참여 가능	• 인천시 등록 비영리 민간 단체 705개 중 '평화', '통일' 관련 단체는 14개 • 통일부 지정 대북지원지정단체 총 119개(2019.9. 기준) 중 인천시 소재 단체 2개(나눔과 평화재단, (사)겨레하나 인천운동본부)

한편 인천시가 보유하고 있는 문화자원을 유형자원과 무형자원으로 구분해 보면, 유형문화자원 가운데 북한과 접점을 형성할 수 있는 것으로 단군시기 유물인 강화 참성단과 고려왕릉 등이 있다. 강화도에 집중되어 있는 고인돌군 등 선사시대 유적도 북한과 역사문화교류에 활용이 가능할 것으로 예상된다. 무형문화자원 중에서 북한과 공유가 가능한 자원으

로는 은율탈춤, 서해안 배연신굿, 대동굿, 황해도 평산 소놀음굿 등이 있고, 이들 대부분이 해양문화와 관련된 것들이라는 점에 주목할 필요가 있다. 인천시가 지정한 문화재 중에 농어촌의 생활문화와 밀접한 관련이 있는 것들이 많아, 이들 자원을 활용하여 남북 분단 이전에 하나의 문화권으로 존재했던 인천과 황해도 지역에서 바닷길을 통한 문화교류 등을 재현해 볼 수도 있고, 황해도와 인천의 공유문화자원을 지속적으로 발굴하고 콘텐츠화하는 사업도 추진할 수 있을 것으로 보인다.

■ 인천시 남북교류협력 문화자원

유형문화자원	무형문화자원
• 국가지정문화재 중 유형문화자원은 총 69건 　- 대다수 유형문화재가 강화군에 집중 분포하며, 단군시기 　- 유물인 강화 참성단, 고려왕릉(홍릉, 석릉, 가릉, 곤릉) 　- 등은 북한과 역사문화교류 가능한 자원 • 시지정문화재 중 유형문화자원은 160건 　- 유형문화재 중 상당수가 강화군에 소재한 사찰 등 　- 강화도에 고인돌군 등 선사시대 유적이 집중되어 있어 북한과 역사문화교류에 활용 가능	• 국가무형문화재는 총 6건 　- 은율탈춤, 서해안 배연신굿 및 대동굿, 황해도 평산 소놀음굿은 황해지역 중요 무형문화재 • 시지정 무형문화재는 총 28건 　- 예능자원은 농어촌 생활문화와 밀접한 관련이 있고 이념성이 두드러지지 않아 전통·민속교류 활용 가능 • 남북 분단 이전 하나의 문화권이자 바닷길을 통해 문화교류가 빈번했던 인천 도서지역과 황해도의 공유자원 활용 필요

3. 기본방향

상술한 인천시의 여건 분석을 토대로 남북 사회문화교류의 기본 방향을 다음과 같이 4가지로 설정했다. 첫째는 '교류협력을 통한 상호이해의 증진'이다. 즉 당장 통일을 추진하기보다는 남북한 문화의 이질성과 다양성을 수용하고, 문화교류를 통해 상호 유대관계와 신뢰를 형성하자는 것이다. 둘째는 '공유 문화자산 활용을 통한 시너지 창출'로, 인천의 도서지역과 북한 황해도의 공유 문화자산을 활용하여 시너지효과를 창출하자는 것이다. 셋째는 '남북교류협력 기반 구축 및 역량 강화'이다. 다시 말해 인천시 내부적으로 남북교류협력의 경험이나 기반시설, 전문인력 등 미흡한 점이 많으므로 이와같이 부족한 점들을 보완하여 자체적인 역량을 강화하자는 것이다. 넷째는 '민간 참여형 교류협력의 다변화 및 내실화'이다. 지금까지 남북교류는 중앙정부가 중심이 되어 진행해 왔으나 향후에는 민간단위에서의 교류와 협력 네트워크가 잘 작동할 때 남북교류 역시 지속적으로 향상될 수 있다는 판단으로 민간 참여형 교류협력의 다변화와 내실화를 기본 방향으로 설정했다. 그리고 이러한 기본 방향에 근거하여 다음과 같은 4가지 정책과제(남북 문화예술교류 활성화, 남북 학술교류 협력사업 추진, 남북 역사문화교류 활성화, 남북 체육교류 활성화)를 도출했다.

■ 인천시 남북사회문화교류의 4대 정책과제

남북 문화예술 교류 활성화	남북 학술교류 협력사업 추진	남북 역사문화 교류 활성화	남북 학술교류 협력사업 추진
• 평화도시 인천 문화행사 개최 • 평화도시 인천 화기반 조성 • 남북합작 문화 콘텐츠 제작	• 남북 학술조사 및 학술대회 개최 • 남북 연구기관 상호교류 추진 • 평화도시 인천 출판·홍보 추진	• 고려역사 및 문 화유산 공동조사 • 유무형 문화유산 남북교류 지원 • 남북 문화유산의 세계화	• 체육스포츠 시설 공동이용 • 체육분야 상호 인적 교류 • 체육스포츠 이벤 트 개최

바다를 등진 해양도시

4. 추진과제

(1) 남북 문화예술교류 활성화

남북 문화예술교류 활성화를 위한 세부 추진과제는 크게 3가지로, ①
평화도시 문화예술 교류행사 개최, ②평화도시 인천 문화기반 조성, ③

■ 평화도시 문화예술 교류행사 개최 추진과제

문화예술 장르별 교류행사 추진 장르별 교류행사 추진	• 인천시와 북한의 문화예술단체가 참여하는 다양한 교류전, 공동행사, 공동발간, 초청행사를 개최하여 상호이해 증진 및 인적네트워크 구축 기반 형성 - (사진)인천 평화사진교류전, (미술)인천 남북미술교류전, (음악)인천 평화음악축제 개최, (공연)인천-평양 시립예술단 합동공연, (문학)『평화문학』 공동발간 및 평화문학상 시상, (영화)디아스포라영화제 북한영화 초청 상영 등
남북예술인 교류협력사업 운영 남북공동 '서해평화예술 프로젝트' 추진	• 남북예술인 공동연수 - 예술인, 기획자, 무대전문인력 등의 상호 역량 강화를 위한 공동연수프로그램을 - 운영하여 교육, 현장답사, 시범 협력프로젝트 진행 • 남북예술인 상호파견 - 중장기적으로 남북한 예술인의 상호 초청 및 체류형 프로그램 개발·운영. - 예술인 및 문화예술전문인력, 예술대학생 및 교수진 교환사업 추진 • 남북예술인 공동워크숍 운영 - 공연예술 등 협력작업이나 시각예술·조형예술 분야 공동창작 작업이 필요할 시 - 남북예술인이 함께 참여하는 워크숍 운영
인천 평화미술 국제 비엔날레 개최 국제 평화미술 비엔날레 개최	• 인천 자연환경, 역사유산, 근현대 건축물 등을 배경으로 평화 염원 현대미술 융복합 행사인 '국제 평화미술 비엔날레' 개최 - '백령도 문화(평화)의 섬' 프로젝트(문체부, <문화비전2030>) 연계 추진 - 평화의 섬 국제 비엔날레: 장소 자체를 현지미술관으로 활용하여 평화를 주제로 한 국내 및 전 세계 예술작품 초청·전시

남북합작 문화콘텐츠 제작이다. 우선 첫 번째인 평화도시 문화예술 교류 행사에서 눈에 띄는 것은 인천의 자연환경, 역사유산, 근현대 건축물 등을 배경으로 평화에 대한 염원과 현대미술을 융합한 행사로 '인천 평화미술 국제비엔날레 개최'를 제안하고 있는 부분이다. 해당 과제의 세부내용에는 문화체육관광부의 〈문화비전 2030〉에서 제시하고 있는 '백령도 문화(평화)의 섬 프로젝트'도 포함되어 있다.

두 번째 추진과제는 '평화도시 인천 문화기반 조성'인데, 인천에 평화의 가치를 전달하고 교육사업을 진행할 수 있는 평화기념관, 평화공원 등을

■ 평화도시 인천 문화기반 조성 추진과제

인천 평화공원 및 평화기념관 조성·운영 평화가치 확산 거점 문화시설 조성·운영	• 인천 평화공원 조성 및 남북합작 구조물 설치 　- 인천시 내 평화공원 조성 및 남북 예술가 합작 평화조형물 제작·설치 • 인천상륙작전기념관의 평화기념관화 추진 　- 기념관 주요 테마를 전쟁 참상 전달과 평화 염원으로 전환하기 위한 단계적 사업 추진 • 평화교류 자료 수집·기록·전시사업 운영 　- 남북교류협력 사례와 관련한 각종 자료를 수집하여 평화기념관의 전시콘텐츠로 활용
북한문화 상설전시체험관 조성·운영 북한문화 상설전시체험관 조성·운영	• 인천시민이 북한의 문화예술과 생활문화를 일상적으로 체험하며 북한문화에 대한 이해를 높일 수 있는 교육공간 조성 및 평화교육 프로그램 운영 　- 북한 문화예술 상설전 및 기획전 운영: 북한의 그래픽디자인, 현대미술 등을 상설전시하는 갤러리 운영 　- 북한 음식문화·생활문화 체험프로그램 운영: 북한의 음식(두부밥, 떡, 만두, 순대 등)과 생활문화(의복, 민속, 놀이 등) 체험프로그램 운영
인천 남북문화예술 교류센터 설치 남북문화예술교류 전담기구 설치·운영	• 인천 남북문화예술교류센터 설치 　- 인천문화재단 산하에 남북문화예술교류센터를 설치하여 사회문화 분야 남북교류협력 사업 기획·운영

바다를 등진 해양도시

조성하고, 시민들이 북한문화를 상시적으로 체험할 수 있는 공간을 마련하며, '남북문화예술교류센터'와 같이 여러 가지 교류협력의 자원 구축과 기획 사업을 추진할 수 있는 전담기관을 설치하자는 내용이 제시되어 있다.

세 번째 추진과제는 '남북합작 문화콘텐츠 제작'이다. 이를 위해서 우선 남북이 공동으로 보유하고 있는 문화콘텐츠 자원에 대한 조사와 발굴이 선행되어야 할 것이다. 단군신화, 항일투쟁, 고려역사, 민속설화, 자연자원 등 다양한 문화원형 자원을 조사한 후, 이를 활용하여 공연 혹은 영상 콘텐츠 등을 제작해 향후 남북한 순회공연이나 남북한 미디어를 활용하여 상영하는 사업들이 포함되어 있다.

■ **남북합작 문화콘텐츠 제작 추진과제**

남북합작 문화콘텐츠 조사·발굴
 	
남북한 공동 문화자원 조사·발굴
	• 남북한 공동 문화자원 조사·발굴 통한 교류·협력 수준 심화
	  - 남북합작 문화콘텐츠 자원 조사: 단군신화, 항일투쟁, 고려역사, 민속설화, 자연자원 등 남북한이 공유할 수 있는 문화원형 자원 조사
	  - 남북합작 핵심 문화콘텐츠 교류전 개최: 핵심 콘텐츠를 토대로 남북에서 제작된 기존 서적, 영상물 등 문화콘텐츠 교류

남북합작 문화콘텐츠 제작·활용
 	
남북합작 문화콘텐츠 제작·활용
	• 남북합작 문화콘텐츠(공연·영상 등) 제작
	  - 아동영화, 애니메이션, 창작극 등 발굴된 문화콘텐츠 활용 창작물 합작
	• 공동제작 문화콘텐츠 순회공연·상영
	  - 공동으로 제작한 문화콘텐츠를 남북한 매체를 통해 방영·상영하거나 순회공연 실시

물론 이러한 사업들은 남북 간 정치적 환경 변화에 따라 적절하게 대응해야만 할 것이다. 지금과 같은 대북제재 국면에서는 적극적인 상호교류가 어려운 측면이 있어서 자체적으로 문화기반을 조성하거나 내부 역

량을 강화하는 사업들에 보다 역점을 두어야 할 것이고, 대북제재가 좀 더 완화된다면 제한적인 인적교류나 작품 교류 등이 가능할 것이다. 또한 인프라가 완료된다면 좀 더 적극적인 합작 프로젝트, 예컨대 남북공동 서해평화예술 프로젝트, 북한문화 상설전시체험관 운영, 남북 공동제작 콘텐츠 순회공연 및 상영 등의 추진이 가능해질 것으로 예상된다.

(2) 남북 학술교류 협력사업 추진

학술교류 사업은 비정치적인 영역으로 북한에 대한 일방향적 지원사업이 아닌 남북 간 쌍방향 성장이 가능한 분야이다. 따라서 정치적 부침에 영향을 받지 않고 지속적으로 추진하기 위한 인적 네트워크와 연구기관 간 상호교류 기반 구축이 필요하다. 이러한 방향에서 세부 추진과

■ 남북공동 학술조사 및 학술대회 개최

남북공동 학술조사 진행 고려역사 관련 남북공동 학술조사 추진	• 북한의 공유 역사문화자원인 고려 역사문화 관련 학술조사 공동 추진으로 양측 고려역사연구 보완 및 심화 　- 이념적 거부감이 없고 학술적 측면에서 남북 공동연구를 필요로 하는 학술분야 선정 　- 개성 고려궁성(만월대) 및 강화도 고려왕릉 중심 고려역사문화 학술조사 공동 추진
남북공동 학술대회 개최 남북공동 학술대회 개최	• 학술대회 통해 고려역사문화 조사 및 연구 결과물 발표·공유 • 서해평화포럼에 북측 연구자·행정가가 참여하여 남북교류협력 방안 함께 논의 　- 강화개성 고려여사문화 학술대회 개최: 고려 수도였던 강화 및 개성의 역사·문화적 위상과 의미에 대한 남북 연구현황 및 성과 발표 　- 인천 서해평화포럼 개최 및 북한세션 운영: 2019년에 인천시에서 발족한 　- 서해평화포럼을 지속적으로 운영하며 북한측이 참여할 수 있는 세션 운영

바다를 등진 해양도시

제로 ①남북공동 학술조사 및 학술대회 개최, ②남북 연구기관 상호교류 추진, ③평화도시 인천 출판·홍보 추진이 제시되었다.

첫 번째 추진과제는 '남북공동 학술조사 및 학술대회 개최'이다. 남북공동 학술조사는 이념적 거부감이 없고 학술적 측면에서 남북 공동연구를 필요로 하는 학술 분야를 선정하는 것이 필요하므로, 개성 고려궁성(만월대) 및 강화도 고려왕릉 등을 중심으로 한 고려역사문화 학술조사 공동 추진 등이 제안되었다. 그리고 학술대회 등을 통해 고려역사문화에 대한 조사 및 연구 결과물을 발표·공유하고, 2019년에 인천시에서 발족한 황해평화포럼에 장기적으로 북한의 연구자와 행정가들이 참여하여 남북교류협력 방안을 함께 논의할 수 있는 세션을 운영하자는 방안도 제시되었다.

두 번째 추진과제는 남북 연구기관 간 상호교류를 추진하는 것이다. 인천시 소재 대학교에 관련 부설 연구기관들이 있고, 관련 학자들도 있으므로, 북한의 대학과 공동주최로 학술교류 행사를 기획·운영함으로

■ 남북 연구기관 상호교류 추진

남북대학 학술교류행사 운영 남북 대학 연구자 초청 학술행사 개최	• 인천시 소재 대학교 부설연구기관과 협력하여 북한 대학과 공동주최로 학술교류 행사를 기획·운영함으로써 학자 간 교류 기회 제공 - 인하대학교 : 인문과학연구소, 고조선연구소, 한국학연구소, 사회과학연구소 등 - 인천대학교 : 동북아발전연구원, 인문학연구소, 인천학연구원, 통일통합연구원, 동아시아평화경제연구원 등
남북연구기관 공동연구 추진 인천중국(옌벤)북한 연구기관 간 공동연구 추진	• 인천시 소재 대학교 중 중국 및 북한과 공동연구나 공동대응이 필요한 분야와 관련하여 대학 연구기관 간 공동연구 추진 - 인천, 옌벤, 북한 측 연구기관 간 컨소시엄을 구성하여 장기적으로 연구 진행

써 학자 간 교류의 기회를 제공하자는 것이다. 더 나아가 인천시 소재 대학 및 북한, 중국의 연구기관과 공동연구나 공동대응이 필요한 분야를 발굴하고 연구기관 간 컨소시엄을 구성해서 장기적으로 공동연구를 진행하는 방안도 제안되었다.

세 번째는 추진과제는 평화도시 인천과 관련된 자료, 기록물들을 출판하고 홍보하는 내용이다. 그동안 인천연구원에서 두 차례 인천시민을 대상으로 평화통일 인식조사를 진행했는데, 대부분의 시민들은 인천시가 평화도시를 위해 진행하고 있는 일들에 관해 거의 알지 못했다. 사실 인천시는 남북교류와 관련하여 많은 일들을 진행해 왔는데, 그러한 사례들을 조사·기록·아카이빙하고, 이것을 토대로 정기간행물이나 홍보 소책자 등을 발간하는 사업들이 제안되었다. 지난 2년 동안 인천문화재단에서 웹진을 꾸준히 발간하고, 인천연구원도 지속적으로 정기간행물을 발간하는 등 이러한 사업들이 일부 진행되고 있다.

■ 평화도시 인천 출판·홍보 추진

평화도시 인천 남북교류사례 조사·기록화 인천 남북교류사례 조사·기록	• 인천-북한 교류과정 중 생산되는 각종 자료(인쇄물, 영상물 등) 조사·기록화 　- 조사된 내용을 기반으로 종합백서, 분야별 백서, 사업별 백서 발간 　- 그 외 사진, 영상물, 인쇄물 등을 아카이빙하여 남북교류 사례 발표회 개최, 남북교류전시회 운영 추진
평화도시 인천 정기간행물 발간·홍보 평화도시 인천 소책자 및 웹진 발간	• 정기간행물 제작·배포하여 평화도시 추진에 대한 대내외적 이해도 및 공감대 확산 　- 남북문화교류의 성과 소개 　- 교육, 관광 등의 자원으로 활용할 수 있도록 온·오프라인상 정기간행물 발간·배포

바다를 등진 해양도시

(3) 남북 역사문화 교류 활성화

　인천과 북한은 고려문화유산뿐만 아니라 황해도 지역의 다양한 무형문화유산을 공유하고 있기 때문에 이러한 유무형 문화자원을 토대로 남북간 교류협력을 추진함으로써 문화적 동질성과 유대감을 형성할 필요가 있다. 이를 위해 ①고려역사 및 문화유산 공동조사, ②유무형 문화유산 남북교류 지원, ③남북 문화유산의 세계화 등이 세부 추진과제로 제안되었다.

　첫 번째 추진과제로 제시된 것이 '고려역사 및 문화유산 공동조사' 사업이다. 이것은 문체부의 〈문화비전 2030〉 중 '남북문화유산 공동실태조사' 추진계획에도 포함되어 있는 내용이기도 하다. 특히 구체적 협력 내용으로는 인천시가 개성시에 고려문화유산 공동 발굴·복원·정비에 필요한 기술과 재정을 지원하고, 개성시는 인천시의 고려왕릉 발굴 및 복원사업에 필요한 학술자문 등을 지원한다는 내용을 명시하고 있다. 두 번째 추진과제는 유형문화재 중심의 교류에서 벗어나 남북이 공유하는 무형문화

■ 고려역사 및 문화유산 공동조사

강화-개성 고려문화유산 공동조사 강화-개성 고려문화유산 공동조사	• 〈문화비전2030〉, '남북문화유산 공동실태조사' 추진 계획 - 개성 고려궁성 남북공동 조사·연구: 〈개성 고려궁성(만월대) 남북공동발굴조사〉 대북제제 면제조치 시 2019년 6월에 제9차 남북 공동발굴조사 진행 예정 - 강화 고려왕릉 남북공동 조사·연구: 강화군에 소재한 고려시대 왕릉 4기(석릉·3곤릉·홍릉·가릉)와 능내리석실분에 대한 조사·연구
강화-개성 고려문화유산 공동 발굴·복원·정비 재정·복원기술· 학술자문· 상호지원	• 재정. 복원기술 및 학술자문 관련 상호지원 요구 - 인천시: 개성시에 고려문화유산 공동 발굴·복원·정비에 필요한 재정·복원기술 지원 - 개성시: 인천시의 고려왕릉 발굴 및 복원사업에 필요한 학술자문 등 지원

자원을 공동으로 발굴하고 활용함으로써 역사문화적 유대감을 형성하자는 것이다. 이를 위해 '인천-황해도 무형문화 발굴·보존·기록화 추진'이나 '황해도 무형문화 및 민속문화축전 개최' 등이 세부사업으로 제안되었다. 본래 우리나라의 〈문화재보호법〉은 무형문화재와 유형문화재를 같이 보호하는 내용이었는데, 최근에 〈무형문화재법〉이 별도로 제정되면서 무형문화재의 범위가 상당히 확대되었다. '기능'과 '예능' 중심이 아니라 생활문화나 의학, 식품, 놀이문화, 구전설화나 이야기가 무형문화재로 지정될 수 있게 되어, 기존에 무형문화재로 인정받지 못하던 것들도 이제는 얼마든지 무형문화재로 지정·보전될 기회가 생긴 것이다. 인천시는 이러한 여건 변화에 대응하여 인천시가 보유한 황해도나 해양문화 관련 무형문화재를 좀 더 적극적으로 발굴할 필요가 있어 보인다.

■ 유무형 문화유산 남북교류 지원

무형문화유산 공동 발굴 및 활용 무형문화유산 공동발굴 및 활용	• 유형문화재 중심의 교류에서 벗어나 남북이 공유하는 무형문화자원을 공동으로 발굴하고 활용함으로써 역사문화적 유대감 형성 - 인천시와 북한 황해도 지방 간 공유무형문화유산의 교류 통해 전승·활용. 그 외 새로운 무형문화유산의 지속적 발굴 통한 문화적 동질성 확보 - 인천-황해도 무형문화 발굴·보존·기록화 추진: 인천과 북한은 황해도 문화권으로 연계. 인천과 북한이 보유한 무형문화자원을 공동으로 발굴·보존·기록화 - 황해도 무형문화 및 민속문화축전 개최: 무형문화자원을 활용한 민속문화축전을 개최함으로써 인천 시민과 북한 인민 사이에 연대감과 공동체 의식 형성
남북 박물관 유형문화 유산 교류전 개최 남북 박물관 유형문화유산 교류전 개최	• 〈문화비전2030〉, '문화·체육·관광 분야 남북 교류협력사업의 획기적 전환'을 위한 추진과제 '남북 문화유산·문화재 상설전시 추진'과 연계 • 강화·개성 역사유물 사진전 개최, 고려 역사유물 교류전 개최

세 번째 추진과제는 남북 문화유산의 공동관리체계 구축과 함께 고려 왕릉이나 한반도 고인돌 등 남북문화유산을 세계문화유산으로 공동등 재를 추진하자는 내용이다. 이 역시 공유문화자원을 활용한 협력사업이 나, 실질적 추진을 위해서는 남북한 간 협의체 구성 등이 필요하다.

■ 남북 문화유산의 세계화

남북 문화유산 공동관리체계 구축 고려왕릉 문화유산 공동관리협의체 구성	• 개성-강화 고려왕릉 문화유산의 세계유산 공동등재 위한 협의체 구성·운영 • (가칭)'남북문화교류협력진흥원(위원회)(문체부 설립 예정)'과 사업 연계 운영 - '개성 만월대 남북공동 발굴조사 사업' 내 인천 강화의 고려유적을 포함해 공동으로 조사·관리하기 위해서는 인천시가 참여하는 협의체 운영 필요
남북 문화유산 유네스코 등재 추진 남북 문화유산 유네스코 등재 추진	• 고려왕릉 세계문화유산 공동등재 추진 - '개성역사지구(북한)'에 강화 고려왕릉 4기를 추가하여 확장 등재 추진 • 한반도 고인돌 확장 등재 추진 - '고창·화순·강화 고인돌 유적(남한)'에 황해도, 평안도 등지의 고인돌을 추가하여 '한반도 고인돌' 확장 등재 추진

물론 이러한 사업들도 남북 간 정치적 환경 변화에 따라 단계적으로 실천 방안을 수립해야 한다. 예컨대 대북제재 국면에서는 우선 인천시가 보유한 황해도 무형문화유산에 대한 자체적인 발굴·보존·기록화 사업 을 추진하고, 대북제재가 완화 국면에 이르면 부분적으로 문화유산교류 전과 같은 것을 개최하거나 공동조사, 공동관리체계 구축 등의 사업들 을 추진할 수 있을 것이다.

(4) 남북 체육교류 활성화

체육교류 분야는 그동안 인천시가 가장 많은 역량을 집중한 분야라고 할 수 있다. 상대적으로 타 분야에 비해 활성화된 교류분야이기도 하고, 대북제재 상황과 상관없이 추진이 가능한 분야이기도 하다. 이와 관련하여 ①체육 분야 상호 인적교류, ②체육스포츠 이벤트 개최, ③체육스포츠 시설 공동 이용 등의 실천과제가 제시되었다.

우선 첫 번째 추진과제인 '체육 분야 상호 인적교류'와 관련하여 '포스트 인천아시안게임 비전 2014 프로젝트 추진'과 '청소년 스포츠교류(유스프로그램) 활성화'가 제안되었다. '비전 2014' 프로젝트는 스포츠 약소국에 시설·지도자·프로그램 등을 지원하는 사업으로, 우수 지도자를 북한에 파견하거나 북한 취약계층에 스포츠 장비 지원, 남북 체육지도자 상호교류 등을 추진하는 것이다. '청소년 스포츠교류 활성화'와 관련해서는 인천-북한 간 유소년 축구단 공동 운영이라든가 남북한 생활체육 동호회 교류 등 전문스포츠가 아닌 생활스포츠 영역의 교류협력 사업도 제시되었다.

■ 체육 분야 상호 인적교류

포스트 인천 AG 비전 2014 프로그램 추진
 	
비전 2014 프로젝트 지속 추진
	• '비전 2014' 프로젝트: 스포츠 약소국에 시설, 지도자, 프로그램 등 지원
	  - 우수지도자 북한 파견 및 북한 취약계층 스포츠 장비 지원 등 추진
	  - 남북 체육지도자 상호교류 통한 교류 활성화
	  - 지방자치단체 간 자매결연을 맺고 스포츠교류 확대

청소년 스포츠교류 (유스프로그램) 활성화 청소년 스포츠교류 (유스프로그램) 활성화	• 유소년 스포츠교류 및 스포츠 용품 지원, 청소년 평화캠프 등 연계 추진 • 인천-북한 간 유소년 축구단 공동 운영 및 인천평화컵 유소년 축구대회 개최 • 남북한 생활체육(탁구, 배드민턴 등) 동호회 교류

두 번째 추진과제는 체육스포츠 이벤트 개최로, '평화기원 국제스포츠 대회' 개최나 북한선수 초청 스포츠이벤트 개최 등이 제안되었다. 또한 단일한 국제 규모의 큰 행사를 통한 일회성 교류뿐만 아니라 지속적인 스포츠 교류협력이 필요하므로 인천시와 북한 도시 간 생활체육 교류 이벤트 개최 등도 포함되었다.

■ **체육·스포츠 이벤트 개최**

평화기원 국제스포츠대회 개최 평화기원 국제스포츠대회 (복싱, 축구, 마라톤 등) 개최	• 북한과의 상호 전략종목인 축구, 탁구, 농구, 마라톤, 씨름, 레슬링, 태권도, 권투, 유도, 양궁, 사격 등 종목의 교류 활성화 우선 추진 • 인천과 북한 도시 간 평화기원 국제스포츠 대회 개최 및 정례화 추진, 합동연습, 관계자 회의, 협약식, 경기, 관광 교류 등 연계 추진
북한선수 초청 스포츠이벤트 개최 북한선수 초청 스포츠이벤트 개최	• 단일성 이벤트 개최가 아닌 지속성 있는 스포츠 교류협력 필요 • 동계 종목에서 우선적인 접근과 교류협력 필요 • 인천-북한 도시 간 생활체육 교류 이벤트 개최로 엘리트체육 교류에서 생활체육 교류로 확대

세 번째 추진과제는 인천시가 보유하고 있는 체육 인프라를 공동으로 이용하는 것이다. 인천시는 아시안게임 시설을 16개 보유하고 있으므로, 이러한 스포츠시설을 향후 국제스포츠 행사 시 북한 선수에게 우선 개방하거나, 남북한이 상호 전지훈련 시설로 활용하는 것 등이 주요한 내용으로 제시되었다.

■ 체육스포츠 시설 공동 이용

남북 상호 전지훈련시설 연계 활용	• 남북 간 종목별 상호 스포츠시설을 연계 활용하여 교류 활성화
인천 AG시설 연계 활용	• 남북(인천-개성, 남포 등) 스포츠팀 합동 전지훈련을 통해 상호교류 확대 추진
2023 하계올림픽 시설 연계	• 남북 공동 유치 추진 중인 2023년 하계 남북올림픽 국내 후보 도시로 서울시 결정
2023하계올림픽 시설 연계	• 관련 시설의 건설 및 활용 관련, 인천시 AG 시설 16곳의 연계 활용 방안 협의 필요 • AG 스포츠시설 북한 선수에게 우선 개방, 선수단 숙소 등 연계 운영방안 검토

지금까지 〈남북 평화협력시대 평화도시 인천 비전 및 전략 연구〉(인천 연구원, 2019)에서 남북 사회문화교류협력과 관련하여 제안된 사업들을 세부적으로 살펴보았다. 이 중에서 인천시가 중앙정부와 함께 역점적으로 추진해야 할 사업이나 북한과 함께 공동으로 추진이 가능한 해양문화 관련 사업을 선별해보면, 백령도를 중심으로 한 평화의 섬 프로젝트와 황해도 무형문화유산을 활용한 교류협력 사업 등이 있다. 이러한 계획이 실현될 수 있으려면 인천시가 선도적으로 추진방안을 모색하여 제안하고, 자체적으로 시범사업을 운영하며 역량을 키워나가야 할 것이다.

바다를 등진 해양도시

인천경기만을
세계자연유산으로

장정구*

1. 백령·대청 국가지질공원 : 바위, 모래 그리고 사람

우리가 현재 살고 있는 백령도, 대청도, 소청도는 우리의 삶의 기반
이며, 우리가 후손으로부터 빌려온 것으로 온전하게 다시 전해주어
야 할 소중한 장소이다. 이에 우리는 우리의 지질공원에서 살고 있는
모든 생명체와 이를 지탱하는 무생물을 아끼고 사랑하며 영속하도
록 노력한다. _백령·대청 국가지질공원 헌장 전문

지질은 '지각을 구성한 암석과 그 분포와 이들 암석이 지각변동을 받
아 굴곡되거나 절단된 지각의 구조 및 지각의 역사'를 가리키는 과학용
어다. 한반도의 지질은 이웃 중국의 지질과 일본의 지질에 밀접히 연관
되어 있다. 한반도에 분포하는 암석은 약 25억 년에서부터 현생까지 장

---

* 이 글은 〈인천일보〉 '문명의 바다, 생명의 바다, 황해'에 연재했던 내용을 수정·보완한 것이다.

구한 세월에 걸쳐 형성되었다.

　지질공원(Geopark)은 뛰어난 경관과 지구과학적 특징 및 학술적 가치를 지닌 지역을 보호함과 동시에 이들을 교육 및 관광산업에 활용하는 것으로 지질학적 특성 이외에 생물, 역사, 문화, 고고 등의 다양한 요소들을 포함한다. 2015년 11월 총회에서 승인된 세계지질공원은 UNESCO Global Geopark(UGG)로 세계유산, 생물권보전지역과 함께 유네스코의 공식프로그램이다. 우리나라에서는 제주도가 2010년 세계지질공원으로 인증 받음에 따라 2012년 자연공원법을 개정하여 국가지질공원(Natinal Geopark) 제도가 도입되었다. 지질공원은 단순히 지질만을 다루는 것이 아니라 사람 즉 주민 중심의 활동이 핵심이다. 현재 우리나라에는 울릉도·독도 국가지질공원, 제주도 국가지질공원을 비롯해 채석강, 적벽강, 고창갯벌 등 전북서해안권 국가지질공원, 두무진과 사곶해변, 콩돌해안, 옥죽포 해안사구, 분바위와 월띠 등 백령·대청 국가지질공원까지 12곳이 국가지질공원 인증을 받았다. 제주도와 청송, 무등산권 국가지질공원은 세계지질공원으로도 인증을 받았고 한탄강 국가지질공원도 곧 세계지질공원으로 인증받을 예정이다.

　소청도에 있는 분바위와 월띠는 천연기념물 제507호로 지정되어 있다. 분바위는 '분'처럼 하얗고, 달이 뜬 밤바다에서 바라보면 하얀띠처럼 보인다하여 주민들은 월띠라고 부른다. 분바위는 대리암으로 생명체의 흔적인 석회암이 높은 온도와 압력에 의해 변한 것이다. 분바위 동쪽에 스토로마톨라이트라는 화석이 있다. 이 화석은 고생대 지구에 산소를 공급하던 남조류들의 화석이다. 이 스토로마톨라이트는 과거 지구의 자전속도와 태양 및 달의 고도 등을 유추할 수 있도록 해주며, 과거 소청도가 따뜻한 바다에 위치했음을 알려준다. 또한 분바위 곳곳의 물웅덩이에는 홍합과 고둥류, 해조류와 해초류 등 다양한 해양생물들이 서식하고 있다.

　　　　　　　　　　　　　　　　　　바다를 등진 해양도시

■ 소청도 분바위

출처 : 인천광역시 옹진군

대청도 옥죽포 해안사구는 우리나라에서 거의 유일한 활동사구이며 클라이밍 사구이다. '대청도 처녀는 모래를 서 말 먹어야 시집간다'는 말이 있었을 정도로 모래가 많이 날려 방사림(방풍림)을 조성했다. 방풍림 조성 전에는 모래가 산을 넘어 답동까지 덮었다. 방풍림으로 규모가 많이 줄어들었지만 축구장 60여개의 규모를 자랑하며, 지금도 모래가 날리는 것을 볼 수 있다. 대청도의 또 다른 지질명소인 농여해변과 미아동 해변에는 지금은 자갈이 많지만 불과 몇 년 전까지만 해도 모래로 덮여 있었다. 나이테(고목)바위는 지층이 구부러진 습곡의 윗부분이 풍화작용으로 사라져 수직으로 서있는 것처럼 보인다. 물이 빠지면 백령도 방향으로 풀등이 드러나고 파도의 세기에 따라 크고 작은 다양한 물결무늬가 생긴다. 절벽으로는 약 10억 년 전에 만들어진 것으로 추정되는 물결무늬 연흔이 선명하다. 과거 물과 바람의 방향을 알 수 있다.

백령도 하늬해변에는 현무암이 있다. 천연기념물 제393호이다. 지구 깊숙한 곳에 있는 맨틀을 구성하고 있는 암석인 감람암을 포획하고 있는 현무암이다. 현재 인류의 기술로는 맨틀까지 시추를 할 수 없기 때문에 현무암에 포획되어 있는 감람암이 거의 유일하게 맨틀을 연구할 수

■ 대청도 옥죽포 해안사구

■ 대청도 농여해변

■ 대청도 농여해변 나이테바위

■ 대청도 미아동해변

출처 : 인천광역시 옹진군

있는 암석이다. 또 백령도에는 천연기념물 제392호로 지정된 콩돌해안
이 있다. 암석들이 파도에 휩쓸리고 부딪쳐 마모되어 동글동글 콩돌이
되었다. 많은 관광객의 유입으로 지금은 관찰이 쉽지 않지만 하루 두 번
밀물과 썰물에 의해 비슷한 크기의 콩돌들로 범(berm)이라 부르는 계단
식 층이 형성된다. 태풍이나 강한 파도에는 하루아침에 콩돌들이 쓸려
나갔다가 차츰 되돌아오기를 반복한다. 백령도에는 이외에도 명승인 두
무진과 천연기념물로 지정된 사곶해변, 용트림바위 등의 지질명소가 있
다. 옥죽포 해안사구는 방풍림으로 계속 줄어들고 있다. 사곶해변은 스
편지화가 진행되고 있고 콩돌해안도 콩돌의 유실이 심각하다. 지속적인
관심과 관리가 필요하다.

바다를 등진 해양도시

■ 백령도 콩돌해안

■ 백령도 사곶해변

■ 백령도 두무진

■ 백령도 용트림바위

출서 : 인천광역시 옹진군

　한국환경정책평가연구원 이수재 박사가 작성한 〈국가지질공원 인증 추진을 위한 기초 학술조사〉 보고서에 의하면 한반도를 구성하는 낭림육괴, 경기육괴, 영남육괴의 기반암은 18억 7천만 년 전에 광역변성을 받은 편마암들로 구성되어 있다. 육괴(陸塊, massif, block)는 판 구조론에서 단층이나 습곡으로 구분되어 있는 암체(岩體)를 말한다. 주로 선캄브리아기의 지층으로 이루어져 있다. 이들을 주로 트라이아스기, 쥬라기, 백악기의 화강암들이 관입하고 있다. 그동안 한반도가 북중국지괴의 일부로 해석되고 있었으나 임진강대와 태안층의 퇴적시기가 밝혀지고 한반도에 존재여부가 밝혀지지 않은 새로운 암층서의 존재가 드러나고 있다. 특히 옹진군 일대 서해도서지역에서 새로운 발견들이 뒤따르고 있어

지질학적으로 새로운 해석이 기대된다. 그러나 국가 차원의 체계적인 지질조사가 거의 없이 도서별로 부분적인 연구가 수행되고 있는 실정이다.

인천 앞바다 대이작도와 소이작도에는 우리나라 최고령 변성암석이 있다. 서울대학교 지질학 연구팀이 연대 측정한 결과 후기 시생대인 25억1천만 년 전에 생성된 것으로 국제학술지 〈지오사이언시스 저널〉 2008년 3월호에 보고되었다. 현재 남한에서는 이곳 말고는 다른 지역의 경기육괴 및 영암육괴에서 시생대 암석이 발견되지 않고 있다. 낭림육괴에서도 시생대 암석은 매우 제한적으로 발견되는데 중국학자들에 의하면 동쪽 연장선에 해당하는 임진강대 일대에서 일부 후기 시생대 암석들이 산출되고 있다.

한편 소연평도에는 자철광상이 있다. 주민들의 증언에 의하면 얼굴바위가 유명한 소연평도는 원래 지금보다 50미터가 높았다고 한다. 소연평

■ 소연평도 얼굴바위

출처 : 인천광역시 옹진군

바다를 등진 해양도시

도 티탄자철광상은 일제강점기부터 알려졌고 채광하면서 지금의 모습이 되었다. 제트엔진, 공구 등 강철 합금에 사용되는 원자번호 23번 바나듐 (V)을 함유하고 있어 지질자원으로 지금도 주목받고 있다. 함바나듐 티탄자철석 광상은 소연평도뿐 아니라 볼음도에 분포한다. 소연평도 북쪽의 검은모래 해변은 자철석의 쇳가루로 인한 것이고 광해관리사업을 진행했지만 토양오염은 물론 주민들이 먹는 물이 비소에 오염되기도 했다.

2. 황해의 포유류_점박이물범과 고래

옴피기, 서해5도 접경바다의 평화의 상징이 되다.

백령도에는 연봉바위가 있다. 효녀 심청이 연꽃을 타고 환생했다는 이야기가 전해지는 곳이다. 이 연봉바위에 봄이면 문화재청 지정 천연기념물이자 환경부 지정 멸종위기 야생생물 2급이고, 해양수산부 지정 보호대상 해양생물이며, 2014인천아시안게임 마스코트였던 점박이물범이 찾아온다. 연봉바위 외에도 하늬해변, 두무진 앞 물범바위와 그 주변에서 물범이 관찰된다. 점박이물범은 사람처럼 허파로 호흡하는 황해를 누비는 대표적인 해양포유류이다. 백령도 주민들은 점박이물범을 옴피기, 옴푸기 혹은 온피기라고 부른다. 정확한 유래가 전해지지는 않는데 '옴'은 순우리말로 전염피부병을 뜻하기에 점박이물범의 얼룩덜룩한 무늬가 피부병을 연상시켜 그리 불리는 것이 아닌가 추정한다. 북한의 야생동물을 소개한 〈조선짐승류지〉에는 점박이물범을 잔점박이넝으로 서술하고 있다. 그런 점박이물범이 2014년 인천아시아경기대회 마스코트로 선정되면서 삼남매가 '비추온, 바라메, 추므로'라는 새로운 이름을 얻었다.

출처 : 인천녹색연합

백령도 주민들에 따르면 6.25전쟁 이전에는 물범들이 물범바위뿐 아니라 하늬해변 자갈밭에도 올라왔다. 아침에 바닷가에 나가면 자갈밭에 쭈~욱 누워있는 물범들을 쉽게 관찰할 수 있었다. 한 주민이 물범을 잡아보려고 망태기를 이용해 물범에 씌웠는데 망태기 째 끌고 바다로 들어가 버렸다. 그 과정에서 바닷가에 있던 주먹만 한 자갈들이 튀어 다칠 뻔했다는 이야기가 백령도에 전설처럼 내려온다. 지금 하늬해변에는 북한선박 접안을 막기 위한 2미터가 넘는 용치가 수백 개가 박혀있고 자갈밭은 모래해변으로 변해가고 있다.

점박이물범(Spotted seal, phoca largha)은 4월에서부터 11월까지 백령도 등에서 살다가 12월 겨울이 되면 두꺼운 빙해가 생기는 중국 보하이 랴오둥만으로 떠난다. 점박이물범은 얼음 위에서 출산을 하는 습성이 있다. 북극곰처럼 기후변화 등으로 황해의 온도가 올라가면 점점 터전을 잃을 수밖에 없게 되는 이유다. 키 1.6~1.7m 정도에 체중은 약 80~120킬로그램 정도로 체격이 사람과 비슷하다. 수명은 35년 정도인 점박이물범이 살아가기 위해서는 바다와 육지, 그리고 얼음이 있는 해양 환경이 필요하다. 수심 300미터까지 잠수하는데 주로 먹이는 까나리, 우럭(조피볼락), 쥐노래미 등을 먹는다. 점박이물범과 비슷한 종류로는 바다사자, 바다코끼리류가 있다. 전세계적으로 물범과에는 18종, 바다사자과에는 14종의 바다사자류와 물개류가 있고, 바다코끼리과에는 바다코끼리 한종이 있다. 한반도 주변에는 점박이물범과 바다사자, 큰바다사자, 물개 등 4종류가 있다.

올놀수, 오래전부터 황해를 누볐다.

남쪽의 황해에서 관찰되는 곳은 백령도를 제외하고도 서산 가로림만에 10여 마리가 찾아오고 강화도와 덕적도, 신안 가거도에서 관찰기록이 있다. 그동안 우리나라 황해연안 곳곳에서 점박이물범이 목격되었다는 이야기가 전한다. 19세기 초 정약전이 저술한 어류학서인 〈자산어보〉에 따르면 약 200년 전에는 백령도, 칠산바다, 태안반도와 흑산도에 이르기까지 점박이물범이 서식하고 있었으리라 추측된다. 〈자산어보〉 '해수편' 올놀수에 따르면 '개와 비슷하지만 몸집이 크고, 털이 뻣뻣하며, 검푸른색과 황백색의 점으로 이루어진 무늬가 있다. 물에서 나오면 제대로 걷지 못해 항상 물속에서 헤엄쳐 다니지만 잠잘 때는 물 밖으로 나와 잔다'고 기록하고 있다. 허준의 〈동의보감〉권4 '탕액편'을 보면 올놀수에서 얻어진 올놀제는 음위 치료에 효험이 있다고 기록하고 있다. 이를 토대로 볼 때 점박이물범은 오래전부터 황해연안 지역에 서식했으며 가죽은 귀한 진상품으로, 생식기는 주요 약제였던 것으로 추정된다. 고려시대 김부식이 저술한 〈삼국사기〉 신라본기·성덕왕29년을 보면 '봄 2월에 왕족 지만을 보내 당나라에 해표가죽 10장을 바쳤다'고 기록되어 있다. 해표(海豹)는 점박이물범으로 추정한다. 고래연구소 자료에 의하면 1940년대 황해 전체에 약 8천 마리가 서식하고 있었다. 남획 등으로 6백 마리까지 감소했다가 최근에는 1,200마리 정도를 유지하고 있다. 이 중 백령도에 매년 300~600마리 정도가 찾아온다. 오호츠크해, 캄차카반도 ~베링해~알래스카만에 각각 10만 마리가 살고 있다.

황해는 고래의 바다였다.

대청도는 일제강점기 흑산도, 해양도와 함께 황해 포경의 전초기지였다. 인천연안여객터미널을 출발한 백령도행 여객선이 기항하는 대청도의 선진항은 포경회사 건물이 있던 곳이다. 면사무소가 위치한 선진항

■ 대청도 선진항

출처 : 인천광역시 옹진군

바다를 등진 해양도시

은 일제강점기 고래잡이가 이뤄지는 11월부터 이듬해 6월까지 일본상인들로 북적거렸다. 고래잡이가 사라져 지금은 흔적도 찾아보기 어렵지만 선진항은 지금도 국가어항으로 대청도뿐 아니라 인천앞바다를 대표하는 어항이다.

2013년 학술지 〈도서문화〉에 발표된 '한말~일제하 동해의 포경업과 한반도 포경기지 변천사에 의하면 1900년 초부터 일제는 주식회사를 만들어 한반도 근해에서 고래를 잡았다. 처음에는 동해에서 고래잡이를 하다가 남획으로 동해의 대형 수염고래류가 급감하기 시작하자 1910년 말부터 남해와 황해로 확장한다. 오사카에 본점을 둔 '동양포경주식회사'는 1910년 거제도에 포경지 허가를 받아 한반도 근해 포경을 독점한다. 1913년에는 울산과 통천(장전) 근해, 1914년에는 함경도 북청(신포), 1916년에는 대흑산도, 1918년에는 대청도, 1926년에는 제주도 등에 사업소를 설치하고 포경을 확대해 나갔다. 수산경제학자 고 박구병 교수가 저술한 〈한반도연해포경사〉에 따르면 대흑산도와 대청도 근해에서 1926년부터 1944년까지 포획된 대형 수염고래류 중 참고래 수는 각각 827마리와 438마리였다. 중국의 해양도까지 포함한 황해 전역에서 포획한 참고래는 총 3,173마리, 대형고래류인 대왕고래 7마리, 혹등고래 28마리였다. 당시 황해도의 포경선은 50척이 넘었다. 그러나 현재 황해에서 참고래와 대왕고래는 거의 멸종 상태이다.

2013년 7월 18일, 제돌이가 바다로 돌아갔다. 제돌이는 2009년 5월 제주도 앞바다에서 정치망 그물에 걸렸다가 돌고래쇼 공연업체에 팔렸던 남방큰돌고래이다. 남방큰돌고래는 1년 내내 가까운 바다에서 머무는 연안정착성 고래로 제주 바다에 100여 마리가 살고 있다. 제돌이는 수족관에서 길들여진 후 서울대공원으로 옮겨와 하루 4번 돌고래쇼를 했다. 제돌이는 국립수산과학원 고래연구센터 연구진에 의해 2007년 11

월 제주시 구좌읍 행원리 앞바다에서 9번째로 확인된 제주도 남방큰돌고래였다. '제돌이'라는 이름 전에는 JBD009라는 식별 번호로 불리던 고래이다. 서울대공원에서 공연하던 제돌이가 불법 포획되었다는 사실이 알려지면서 환경단체들은 바다로 돌려보내야 한다고 주장했고, 2012년 3월 서울시는 남방큰돌고래 '제돌이'를 바다로 돌려보내겠다고 밝힌다. 우여곡절 끝에 그물에 걸려 잡힌 지 4년 2개월 만에 제돌이는 제주 바다로 돌아갔다. 서귀포시 대정읍 동일리에 나아가면 남방큰돌고래 무리를

■ 대청도 해상에서 혼획된 밍크고래

출처 : 인천해경서는 2016년 6월 옹진군 대청도 해상에서 밍크고래 1마리가 혼획됐다고 밝혔다. 『연합뉴스』

육지에서도 어렵지 않게 관찰할 수 있다.

매년 그물에 걸린 고래 기사가 대서특필된다. 70마리 이상의 밍크고래가 혼획되어 경매를 통해 시중에 유통된다. 수천만 원을 호가해서 '바다의 로또'로 불린다. 혼획(混獲)은 어획 대상종에 섞여서 다른 종류의 물고기가 함께 잡히는 것으로 우리나라에서 매년 평균 1,500~2,000마리 정도의 고래류가 혼획되고 있다. 2019년 우리나라에서 혼획된 고래는 모두 1,401마리이다. 바다에 그물이 너무 많고 고래고기의 유통이 허용되고 있어 고래를 의도적으로 혼획하는 경우도 적지 않다는 것이 뱃사람들의 이야기다. 고래가 그물에 걸리면 해양경찰은 불법포획 여부를 조사한 후 '고래유통증명서'를

바다를 등진 해양도시

발급한다. 국립수산과학원 고래연구센터에 따르면 현재 우리나라 연안에서 관찰되는 고래는 35종이다. 그중 10종이 해양보호생물로 지정되어 있다.

지금 황해에서 가장 흔한 고래류는 상괭이다. 상괭이는 아시아 연안에 만 분포하는 소형 고래이다. 5℃에서부터 28℃까지 폭넓은 수온에서 서식하며, 광온성이고 비교적 수심이 얕은 연안지역에 서식한다. 등지느러미가 없고 다 자란 성체의 몸은 대체로 회갈색이며 2m정도이다. 인천 앞바다 여객선에서도 종종 관찰된다. 보통 1~3마리로 관찰되는데 선박 가까이로 접근하지 않고 금새 바다 속으로 사라져 모습을 자세하게 관찰하기는 쉽지 않다. 어류, 오징어, 새우를 비롯한 갑각류 등 다양한 먹이를 먹는데 상괭이 위 속에서 전어와 갈치 등 어류를 비롯하여 자주새우, 꽃새우와 같은 갑각류 등 총 10과 14종의 생물이 보고된 바 있다. 상괭이는 한강을 거슬러 여의도까지 올라가기도 했다. 몇 년 전 상괭이가 신곡수중보에 걸려서 죽는 일도 있었다. 최근에서는 안강망에 의한 심각한 혼획이 이루어지면서 개체수가 가파르게 감소 중이다. 세계자연보전연맹(IUCN)은 취약종(VU)으로, CITES에서는 부속서 I에 해당하는 종이다. CITES는 세계적으로 멸종위기에 처한 야생동식물의 포획·채취와 상거래를 규제, 야생 동식물과 생태계를 보호하기 위한 조약으로 우리나라는 1993년 6월에 이 협약에 가입했다. 해양수산부는 상괭이를 2016년 9월 해양보호생물로 지정·보호하고 있다.

우리나라의 수산물 수출대상국은 일본, 중국, 미국 순이다. 미국은 1972년 해양포유류보호법(MMPA)를 제정하고 2017년에는 수산물 수입규정을 도입했다. 여기에 따르면 해양포유류의 생물학적 허용사망량(PBR)의 10% 이하로 혼획 숫자를 줄여야 수산물 수출이 가능하다. 생물학적 허용사망량(Potential Biological Removal)은 해양포유류의 자연 사망량을 제외한 포획, 혼획, 선박충돌 등 모든 비자연사망량의 합을 의미한다. 현재 우리나라에서는 밍크고래는 생물학적 허용사망량의 4배, 상 괭이는 5배가 넘게 혼획되고 있다. 우리나라 해양수산부는 〈해양생태계 의 보전 및 관리에 관한 법률〉에 따라 해양보호생물로 지정보호하고 있 다. 해양보호생물은 ①우리나라의 고유한 종, ②개체수가 현저하게 감소 하고 있는 종, ③학술적·경제적 가치가 높은 종, ④국제적으로 보호가치 가 높은 종으로, 2020년 1월말 현재 포유류 16종, 무척추동물 34종, 해조 류(해초류 포함) 7종, 파충류 4종, 어류 5종, 조류 14종 등 총 80종이다.

국제통화기금(IMF)의 계간지 〈금융과 발전(Finance & Development: F&D)〉 2019년 12월호에는 '국제사회의 기후변화 대응전략에서 고래류 보 호가 최우선 순위가 되어야 한다'고 밝히고 있다. 고래류는 해양생태계 최 상위 포식자로서 해양생태계의 균형을 유지시키는 역할을 하며, 또한 막 대한 양의 탄소를 저장함으로써 지구온난화를 늦추기 때문이다. 일제강점 기, 황해에서 매년 100마리의 고래가 포획되었다. 그러나 지금은 우리나라 연안에서는 매년 1천 마리가 넘는 상괭이가 혼획되고 있다. 불법 포경, 해 양오염과 해양쓰레기 등 고래 입장에서 지금의 바다가 일제강점기보다 결 코 안전하다고 할 수 없다.

■ 인천형 생태계서비스 활성화 워크숍　■ 인천아시안게임 마스코트

출처 : 『인천일보』, 2020.12.03.

3. 생명의 땅, 갯벌

갯벌은 '입자가 작은 펄과 모래 알갱이들이 모여서 만들어진 곳'이다. 밀물 때는 바닷물에 잠기고 썰물 때 드러나는 곳으로 육지로부터 유입되는 유기물질로 영양이 풍부해 생산성이 높은 생태계 중 하나다. 조사에 의하면 지구상에 존재하는 생물 중 20%가 갯벌에 기대어 살아간다. 어패류의 생산지이며 야생생물의 서식지이고 오염물질 정화기능, 재해조절기능뿐 아니라 문화적 기능에 미세기후 조절기능까지 있다. 특히 염생식물 군락지는 육상에서 유입되는 질소나 인 등의 영양염을 흡수하여 해양오염을 방지하는 오염정화기능도 매우 중요하게 수행한다.

우리나라의 갯벌의 면적은 약 2,489㎢이다. 국토면적의 2.4%에 해당하며 대부분 서·남해안에 분포하고 있다. 이 중 황해연안인 서해안 지역이 약 83%이며, 인천경기만의 갯벌이 약 35%를 차지하고 있다. 해양수산부 자료에 따르면 서해안과 남해안의 갯벌과 그 주변생태계에 서식하는 어류는 200여 종이고 갑각류가 250여 종, 연체동물이 200종, 갯지렁이류가 100종 이상이다. 또한 여러 동물군에 속하는 수많은 해양무척추동물들과 미생물, 200종류 이상의 미세조류의 서식지기도 하다. 또한 100종이 넘는 바다새와 50종에 가까운 현화식물들이 갯벌과 연계된 생태계에 의존하여 살아가고 있다. 갯벌에서 잡히는 대표적인 어류로는 숭어, 전어, 밴댕이, 농어, 황복, 풀망둑 등이 있고, 연간 약 5만 톤에서 9만 톤의 조개류가 생산되며, 수백 톤의 낙지, 갯지렁이가 잡히고 김과 굴이 갯벌에서 양식된다.

인천경기만 갯벌은 세계적인 자연유산이다. 우리나라 서남해안의 갯벌은 캐나다 동부 해안, 미국 동부 해안, 북해 연안, 아마존 강 유역의 갯벌과 함께 세계 5대 갯벌로 손꼽힌다. 그중에서도 인천경기만 갯벌은 서해안 갯벌의 핵심지역으로 한강하구에 위치한 세계적으로도 드물게 역동적이고 다양한 퇴적상을 가지고 있다. 갯벌은 퇴적물의 조성에 따라 펄갯벌, 모래갯벌, 혼합갯벌로 구분된다. 퇴적물의 조성은 유입되는 퇴적물의 종류와 해수의 흐름과 밀접한 연관이 있다. 모래갯벌은 흐름이 빠른 수로나 해변에서 주로 나타나며, 펄갯벌은 완만한 내만이나 강하구의 후미진 곳에서 나타난다. 인천경기만 갯벌은 이들이 모두 나타난다. 인천경기만 지역은 한강, 임진강, 예성강 하구에 위치하고 있어 세계적으로도 다이나믹한 갯벌이다.

인천경기만은 조석간만의 차가 최고 9m이상으로 갯벌이 잘 발달되어 있다. 인천경기만은 강에서 공급되는 담수와 바다로부터 유입되는 해수가 혼합되는 반폐쇄형 지역으로 상당한 양의 물질이 쌓였다가 빠져나간다. 강화도와 영종도에는 드넓은 갯벌이 드러난다. 전형적인 리아스식 해안으로 150여 개의 크고 작은 섬이 산재하고 있어 섬주변으로도 갯벌이 발달해 있다. 그래서 다양한 생명들이 깃들어 있다. 칠면초나 퉁퉁마디, 해홍나물과 같은 염생식물과 거머리말과 같은 해초류가 자란다. 저어새와 노랑부리백로와 같은 세계적인 새들이 도래하며 흰발농게와 같은 해양보호생물들이 서식하고 있다.

갯벌은 영토 확장의 대상이었다. 1980년대 이후 김포매립지(지금은 수도권쓰레기매립지와 청라국제도시), 인천국제공항, 송도국제도시, 시화방조제 건설로 갯벌이 사라졌다. 아파트가 빼곡하게 솟은 송도국제도시는 끝없이 펼쳐진 갯벌 '먼우금'이었고, 수도권 쓰레기매립지와 청라국제도시는 1984년까지 두루미 도래지로 천연기념물로 지정되었던 갯벌이었다. 인천국제공항 건설로 삼목도와 신불도는 깎여 흔적도 없이 사라지고, 영종도와 용유도 사이 갯벌에는 활주로가 만들어졌다. 준설토 투기장으로 이미 사라진 갯벌이 여의도의 5배가 넘는다.

바다를 등진 해양도시

인천항 입출입 항로 준설 등으로 준설토는 지속적으로 발생한다. 이렇게 발생한 준설토를 어딘가에서 처리해야 하고, 그렇게 매립된 부지는 매립목적과 다르게 항만배후단지 또는 개발용지를 확보하는 합법적인 수단으로 사용되고 있다. 인천항만공사가 1천억 원을 들여 조성한 경인 아라뱃길 준설토 투기장은 2015년 완공 후 2천8백억 원짜리 토지가 되었다. 청라2지구 로봇랜드 테마파크 부지, 남항 제1,3투기장은 각각 아암물류 1,2단지가 되었다. 한상드림아일랜드개발 부지도 준설토 투기장이었고, 영종도 제2준설토 투기장, 북성포구 준설토 투기장도 조성중이다. 8㎢가 넘는 송도갯벌이 인천신항 배후부지 등을 위해 준설토 투기장으로 사라질 예정이다. 준설토 투기장으로만 22㎢의 갯벌이 사라졌고 또 사라질 예정이다. 그렇게 개항기부터 지난 130여 년 동안 인천에서만 106㎢가 넘는 갯벌이 육지가 되었다.

영종2지구와 흰발농게

갯벌매립은 여전히 진행형이다. 인천경제자유구역청은 영종도 동측과 영종도 준설토 투기장 사이 갯벌 390만㎡를 매립하여 레저, 상업, 주거 용지로 활용하겠다는 계획을 추진하고 있다. 일명 영종2지구이다. 이곳은 영종도 준설토 투기장이 건설되면서 강화남단 갯벌과 영종도남단 갯벌을 연결하는 갯벌이다. 공항이 만들어지고 영종도 주변의 조류의 흐름이 변했고, 지금도 주변 갯벌이 변화를 겪고 있다. 영종2지구마저 매립된다면 매립된 갯벌만 사라지는 것이 아니라 강화도와 영종도 주변지역 갯벌에까지 큰 영향을 미칠 것이라고 전문가들은 우려한다.

그런 영종2지구 갯벌에는 흰발 농게(Uca lactea)가 서식한다. 인하대학교의 조사에 따르면 매립 계획지 중 한곳인 5,950㎡ 면적의 갯벌에 흰발농게가 5만 마리 이상 서식한다. 흰발농게는 환경부 지정 멸종위기 2급 야생생물이며, 해양수산부 지정 해양보호생물이다. 조사를 진행한 인하대학교 김태원 교수는 "만약 매립이 진행된

■ 영종2지구에 서식하는 멸종위기 야생생물 2급

인천녹색연합이 선정한 5월의 멸종위기 야생생물 흰발농게

출처 : 인천녹색연합

다면 이곳에 서식하는 흰발농게는 전체적으로 사라질 것이다. 또한 서식 확인 지역을 제외하고 매립을 진행한다고 하더라도 갯벌의 퇴적상이 변화할 가능성이 매우 높기 때문에 흰발농게의 서식처가 유지되기 어렵다. 다른 지역으로 이주하더라도 비슷한 퇴적상을 지닌 대체지가 없기 때문에 생존하여 번식할 가능성은 희박하다"고 말했다. 영종2지구 갯벌은 흰발농게가 집단서식지일 뿐 아니라 멸종위기1급이며 인천시조인 두루미 도래지이며 저어새 번식지인 수하암이 지척이다.

갯벌보호지역

송도갯벌은 한때 우리나라에서 조개류가 가장 많이 생산되던 곳으로 유명하다. 주로 동죽, 가무락, 맛조개였다. 송도국제도시는 2003년 우리나라 처음으로 경제자유구역으로 지정되었다. 송도11공구를 매립하는 과정에서 2009년 말 남동공단 남쪽과 인천항 신국제여객터미널 남쪽 갯벌을 습지보호지역으로 지정했다. 2014년에는 람사르습지에 등록되었

바다를 등진 해양도시

다. 2003년 습지보호지역으로 지정된 장봉도갯벌은 자연상태가 원시성을 유지하고 있고 생물다양성이 매우 풍부하다. 희귀하거나 멸종위기에 처한 야생동물이 서식·도래한다. 특히 해양수산부 자료에 따르면 한강 수계의 석모수로가 실질적으로 바다와 합류하는 지점으로 순천갯벌이나 보성갯벌 등 타 습지보호지역에 비해 우수한 퇴적환경을 보유하는 갯벌로 경관적, 지형적 그리고 지질학적 가치가 매우 높은 지역이다. 조개 중 으뜸이라는 백합의 최대 생산지가 장봉도와 주문도 사이 갯벌이다. 강화 갯벌은 2000년 7월 천연기념물 제419호로 지정되었다. 철새의 이동경로 상 시베리아, 알래스카 지역에서 번식하는 철새가 일본, 호주, 뉴질랜드로 이동하는 중 먹이를 먹고 휴식을 취하는 중간 휴게소에 해당하는 곳, 세계적인 희귀종인 저어새의 주요 번식지이다. 강화 남부와 석모도, 볼음도 등 주변 갯벌로 약 371㎢이다. 여의도(2.9㎢)의 120배가 넘는 단일 문화재 지정구역으로는 가장 넓다. 한강하구지역도 습지보호구역으로 지정되어 있다.

■ 영종도 갯벌

출처 : 인천녹색연합

4. 새들은 지금도 황해로 남북으로 자유롭게 오가고 있다.

알락꼬리마도요라는 새가 있다. 제법 덩치가 큰, 길고 휘어진 부리의 알락꼬리마도요는 봄과 가을이면 영종도와 강화도, 송도 등 인천경기만 갯벌에서 어렵지 않게 관찰된다. 알락꼬리마도요가 제일 즐겨먹는 먹이가 칠게다. 우리나라 서해안 갯벌에서 가장 흔하게 볼 수 있는 게로 갯벌에서 볼 수 있는 지름 1센티미터 정도의 비스듬하고 타원형 구멍이 바로 칠게 구멍이다. 알락꼬리마도요의 길고 휘어진 부리는 구멍 속에 숨어있는 칠게를 잡아먹기 위해 진화했다. 그런 알락꼬리마도요는 매년 호주와 시베리아 사이 수천㎞를 오가는데 중간 기착지가 바로 황해 연안의 갯벌이다. 알락꼬리마도요는 우리나라 환경부지정 멸종위기 2급 야생생물이며 세계자연보전연맹(IUCN) 적색목록에 등재된 세계적 멸종위기종이다. 알락꼬리마도요의 전 세계 생존집단의 10% 이상이 관찰되는 곳이 바로 인천이다.

■ 알락꼬리마도요

출처 : 인천녹색연합

바다를 등진 해양도시

새는 다른 동물에 비해 눈에 잘 띄고 집단으로 서식하는 생태적 특징을 가진다. 인간의 생활과 문화에 밀접하게 연관되어 있으며, 생태계 먹이사슬의 상위에 위치하고 있고, 생태계 변화의 지표종으로 가치와 의미가 크다. 수많은 철새들이 매년 번식지와 월동지를 오간다. 장거리 이동 경로 상의 서식지는 철새 생존에 절대적인 요소다. 국가 간 장거리 이동 철새의 보전을 위해서는 이동경로 상의 국가 간 협력이 필수적이다. 유럽이나 미국 뿐 아니라 중국, 일본 등 전 세계적으로 AI대응과 철새보호 관리를 위해 철새 이동경로를 집중적으로 연구하고 있다. 일본은 60개 철새연구 지소에서 매년 20만 마리의 철새에게 가락지를 부착하고 이동 경로연구를 위해 인공위성까지 이용한다. 중국은 110개 철새연구 지소를 운영 중이다. 철새와 서식지 보호를 위한 국제적 협력도 활발하게 이루어지고 있다. 우리나라는 1994년 6월 러시아를 시작으로 2006년 12월에는 호주, 2007년 4월에는 중국과 철새보호협정을 체결했다. 세계적으로 9개의 주요 철새 이동경로가 있다. 도요새, 물떼새 등 200여 종 이상의 물새들이 시베리아와 알래스카로부터 호주와 뉴질랜드까지 동아시아-대양주 철새 이동경로를 따라 이동한다. 2006년에는 동아시아~대양주 철새 이동경로 파트너쉽(EAAFP, East Asian-Australasian Flyway Partnership)이 출범했고, 22개국이 참여하고 있으며, 인천 송도에 사무국이 있다.

우리나라에서 관찰되는 조류는 약 520여종이다. 이중 60여종은 텃새이고 나머지 89%가 계절에 따라 도래하는 철새이다. 철새들은 번식지로, 중간기착지로 또는 월동지로 우리나라를 찾고 있다. 삼면이 바다인 한반도는 바다를 건너 이동하는 철새의 비율이 높다. 황해는 큰 위협이자 도전이지만 황해의 갯벌과 섬은 에너지 공급원이자 등대다. 이동과정에서 일시적으로 머무는 장소이지만 장거리 비행 후 소비된 에너지를 보충하고 휴식한다. 섬은 내륙에 비해 작고, 서식환경이 상대적으로 단조로워 통과하는 철새들을 연구하기에 적합하다. 2005년 우리나라 처음으로 전남 신안군 홍도에 국립공원연구원 철새연구센터가 문을 열었고 연구영역 및 인프라 확대를 위해 흑산도로 이전한 후 2014년과 2016년 각각 태안해안출장소와 한려해상출장소를 설립했다. 그리고 2019년 두 번째 국가철새연구센터가 인천옹진군 소청도에 문을 열었다. 철새연구센터에서는 통과철새들을 모니터링하고 가락지부착조사를 수행하고 시민인식증진 홍보교육사업도 진행한다. 철새연구센터에서는 매년 1만 개체의 철새에게 이동연구용 가락지를 부착한다.

소청도 국가철새연구센터의 자료에 따르면 서해5도 지역에서 확인되는 조류는 과거 문헌기록, 최근 현장조사 결과를 합하면 총 355종이다. 우리나라를 찾는 철새들의 약 74%에 해당한다. 이 중 325종이 소청도에서 관찰된다. 최근에도 국내 미기록종, 희귀종이 소청도에서 관찰되었다는 보도가 이어지고 있다. 서해5도에서 번식하는 새들도 40종에 달한다. 멸종위기야생생물 1급인 매와 저어새, 노랑부리백로를 비롯하여 멸종위기야생동물 2급의 검은머리물떼새 등도 번식한다. 서만도와 동만도, 구지도 등은 우리나라의 대표적인 괭이갈매기의 집단번식지이다.

인천은 전세계 저어새들의 고향이다.

2009년 4월 22일, 남동공단 옆 유수지 인공섬에 저어새가 둥지를 틀었다. 지역언론뿐 아니고 중앙방송에서도 대대적인 보도가 이어졌다. 시민들은 아침 점심 저녁으로 둥지마다 태어난 아기 저어새들을 보살피듯 관찰했다. 2009년 그렇게 10마리가 태어나 6마리 아기 저어새가 성공적으로 둥지를 떠났다. 2017년에는 233마리의 아기 저어새가 이소(離巢)

했다. 2018년과 2019년에는 너구리 침입으로 큰 타격을 받았지만 매년
100마리가 넘는 아기 저어새가 남동유수지 저어새섬에서 태어난다. 저
어새가 돌아오기 전 시민들은 인공섬을 청소하고 부족한 둥지재료를 전
달한다. 섬이 하나 더 만들어졌고 너구리 침입을 막기 위해 전기울타리
가 설치되었다. 매년 봄이면 시민과 학생들이 마련한 저어새 환영잔치가
열린다. 전 세계 2천 마리던 저어새가 4천 마리로 두 배 늘었다.

■ 인천 남동유수지 저어새섬의 저어새

출처 : 『연합뉴스』, 2012.4.16.

저어새는 세계자연보전연맹(IUCN) 적색목록 위기종이고 천연기념물
이며, 멸종위기 야생생물 1급이자 보호해양생물이다. 검은얼굴 주걱부리
의 저어새(Black-faced Spoonbill)는 주걱처럼 생긴 검은 부리로 물을
휘휘 저으며 먹이를 잡는다. 남동유수지 저어새섬뿐 아니라 한강하구
와 인천경기만의 무인도인 구지도, 각시바위, 수하암, 갓섬(매도)이 주요
한 번식지이다. 아기 저어새가 겨울을 나기 위해 대만이나 홍콩, 오키나
와, 제주도 등 남쪽으로 떠나고 날씨가 영하로 내려가면 두루미가 찾아
온다.

겨울 진객이자 인천의 시조인 두루미

청학동, 학익동, 선학역, 문학산 등 인천에는 유독 '학'자 들어간 지명이 많다. 학은 두루미다. 인천이 주요한 두루미 도래지였음이다. 아파트가 빼곡하게 솟은 청라국제도시나 매일 수백톤의 쓰레기가 묻히고 있는 수도권매립지는 1984년까지 천연기념물이었다. 바로 천연기념물 제257호 '인천 연희동 및 경서동의 두루미 도래지'다. 1977년 천연기념물 지정 당시 면적은 약 31㎢로 여의도 면적의 10배가 넘는다. 그러나 1984년 천연기념물 해제 후 간척사업이 시작되었다. 식량안보와 농경지 확대를 위해 또 중동건설붐 이후 건설장비들의 활용을 위해 그렇게 김포매립지(동아매립지)가 만들어졌다. 그 후 수도권매립지와 청라국제도시가 되었다. 지금은 강화 동검도, 세어도, 영종도 사이 갯벌에 매년 약 40여 마리 두루미가 월동한다. 추수가 끝난 논밭에서 볍씨와 풀뿌리를, 개울에서는 물고기와 수초뿌리를 주요먹이로 하는 철원과 연천지역에 도래하

■ 인천의 시조 두루미

출처 : 인천녹색연합

바다를 등진 해양도시

는 두루미와 달리 인천을 찾는 두루미는 갯벌에서는 갯지렁이와 게를 먹는다. 두루미는 전 세계 생존개체가 3천 마리 정도로 세계자연보전연맹(IUCN) 적색목록 위기종이며 환경부지정 멸종위기야생생물 1급이자 문화재청 지정 천연기념물이다. 그리고 인천의 시조(市鳥)이다.

한강하구 최상위 포식자, 맹금류 흰꼬리수리(Haliaeetus albicilla)

매목 수리과의 흰꼬리수리는 약 84~94cm의 몸길이를 가지며 편 날개의 길이는 199~228cm이다. 전체적으로 몸은 적갈색이며 흰색의 꼬리를 가지고 있는 것이 특징이다. 흰꼬리수리는 환경부 지정 멸종위기야생생물 I급이며, 국가생물적색목록 취약(VU)등급으로 지정되어 있다. 흰꼬리수리는 우리나라를 비롯해 일본, 중국, 러시아에 분포하는 겨울철새로 주로 러시아 하바로브스크 지역에서 번식하며 우리나라에서 월동을 하는 것으로 알려져 있다. 전국적으로 관찰되기는 하지만 개체 수가 많지 않으며, 주로 숭어 등의 어류를 먹이로 하기 때문에 한강 하류, 천수만, 낙동강 하류 등에서 관찰되고 있다. 인천에서는 한강하구 지역인 강화 교동도와 석모도, 수도권매립지 제4매립장 계획지 안암호에서 주로 관찰되며, 공촌천 하류와 남동유수지에서 간혹 발견된다.

흰꼬리수리는 매와 말똥가리 등과 함께 우리나라를 대표하는 맹금류이지만 다른 맹금류에 비해 잘 알려지지 않은 편이다. 흰꼬리수리가 인천을 찾아온다는 것은 한강하구와 인천지역의 수생태계가 우수하다는 것을 의미한다. 한강하구는 중립수역으로 인천경기만, 황해도와 경기도뿐만 아니라 한반도 역사문화의 중심지이다. 또한 한강, 임진강, 예성강이 황해로 흘러드는 한강하구는 자연생태가 우수하여 세계적인 자연유산으로 이미 전 세계가 주목하고 있다.

5. 한강하구 중립수역과 서해5도 등 인천경기만, 세계 자연유산으로 등재하자.

먼저 간단히 용어에 대해 정리해 보자. 아래 내용은 유네스코 한국위원회 홈페이지의 내용을 참조한 것이다.

먼저 유산이란 우리가 선조로부터 물려받아 오늘날 그 속에 살고 있으며, 앞으로 우리 후손들에게 물려주어야 할 자산이다. 자연유산과 문화유산 모두 다른 어느 것으로도 대체할 수 없는 우리들의 삶과 영감의 원천이다. 유산의 형태는 독특하면서도 다양하다. 아프리카 탄자니아의 세렝게티 평원에서부터 이집트의 피라미드, 호주의 산호초와 남미대륙의 바로크 성당에 이르기까지 모두 인류의 유산이다. '세계유산'이라는 특별한 개념이 나타난 것은 이 유산들이 특정 소재지와 상관없이 모든 인류에게 속하는 보편적 가치를 지니고 있기 때문이다. 유네스코는 이러한 인류 보편적 가치를 지닌 자연유산 및 문화유산들을 발굴 및 보호, 보존하고자 1972년 세계 문화 및 자연 유산 보호 협약(Convention concerning the Protection of the World Cultural and Natural Heritage; 약칭 '세계유산협약')을 채택하였다.

문화유산

기 념 물 : 기념물, 건축물, 기념 조각 및 회화, 고고 유물 및 구조물, 금석문, 혈거 유적지 및 혼합유적지 가운데 역사, 예술, 학문적으로 탁월한 보편적 가치가 있는 유산

건조물군 : 독립되었거나 또는 이어져있는 구조물들로서 역사상, 미술상 탁월한 보편적 가치가 있는 유산

유적지 : 인공의 소산 또는 인공과 자연의 결합의 소산 및 고고 유적
을 포함한 구역에서 역사상, 관상상, 민족학상 또는 인류학상
탁월한 보편적 가치가 있는 유산

자연유산

무기적 또는 생물학적 생성물들로부터 이룩된 자연의 기념물로서 관
상상 또는 과학상 탁월한 보편적 가치가 있는 것. 지질학적 및 지문학
(地文學)적 생성물과 이와 함께 위협에 처해 있는 동물 및 생물의 종의
생식지 및 자생지로서 특히 일정구역에서 과학상, 보존상, 미관상 탁월
한 보편적 가치가 있는 것, 과학, 보존, 자연미의 시각에서 볼 때 탁월한
보편적 가치를 주는 정확히 드러난 자연지역이나 자연유적지를 말한다.
'제주 화산섬과 용암동굴'은 수려하고 아름다운 경관과 한라산 및 그
주변 동굴, 성산일출봉 같은 독특한 지형들 때문에 2007년 유네스코 세
계자연유산으로 등재된 데 이어 2010년 세계지질공원으로 인증을 받았
다. 유네스코 생물권보전지역이기도 한 제주도는 세계자연유산 등재로
세계적으로 그 가치를 인정받고 더 사람들이 즐겨 찾는 관광지가 되었다.

복합유산

문화유산과 자연유산의 특징을 동시에 충족하는 유산.

'백령·대청 국가지질공원'은 옹진반도, 황해도, 산둥반도와 연계한 세
계지질공원 추진의 가능성이 있어 현재 인천광역시에서 검토 중에 있다.
또한 임진강 지류인 한탄강이 2020년 세계지질공원 인증에 따라 연계가

가능할 수도 있다. 강화도의 경우 고인돌이 이미 세계문화유산으로 등재되어 있고, 관방유적도 세계문화유산 등재를 추진하고 있다. 중립수역으로 현재도 접경지역이며, 과거 황해도와 경기도, 강화도와 교동도는 하나의 문화권으로 한반도 역사문화의 중심지였다. 삼국시대 관미성으로 비정되는 오두산성, 하음산성, 화개산성터가 남아있고, 볼음도의 은행나무, 연안군의 은행나무는 남북이 모두 천연기념물로 지정·보호하고 있다. 또한 북한에서는 개성지역의 역사문화발굴에 높은 관심을 보이고 있어 한강하구 중립수역과 인천경기만 지역은 세계자연유산과 함께 세계문화유산으로서 복합유산 등재도 가능할 것이다. 남북한의 공동 학술조사를 통해 공동 등재를 추진하는 것도 바람직할 것이라 생각한다.

바다를 등진 해양도시

책을 마치며

    세미나를 마치고 출판 원고를 정리하고 있을 무렵인 지난 4월 13일 일본 정부는 후쿠시마 원전의 오염수를 바다에 방출하겠다는 결정을 발표했다. 우리나라를 비롯해 중국, 대만, 러시아, 북한 등 바다를 공유하고 있는 인접 국가들은 해양오염에 대한 심각한 우려를 표명하면서 반대 입장을 분명히 했다. 중국 정부는 "스스로 져야 할 책임을 전 인류에 전가하는 것으로 극도로 무책임한 행위"라고 비판했고, 북한은 "반인륜적 망동"이라고 비난했다. 한국 정부 역시 주한일본대사를 외교부로 초치해 정식 항의했고, 울산, 부산, 경남, 전남, 제주 등 바다를 끼고 있는 지역의 단체장들도 일본을 강하게 비판하며 방류 중단을 촉구했다. 물론, 일본 내의 시민단체들도 반대 의견을 표명하고 있고, 미국, 영국, 프랑스, 독일 등 세계 24개국의 311개 단체도 반대한다는 뜻을 밝혔다. 그래도 일본 정부는 미국의 지지 하에 방사능 오염수의 해양 방류를 강행하겠다고 한다. 여기에 미국은 일본에 힘을 실어주면서도 정작 자신들은 2011년 이후 후쿠시마와 그 인근에서 생산되는 수산물의 수입을 금지하는 이중적 태도를 보이고 있다.

출처: 『연합뉴스』, 2021.4.13.

그런데 일본의 이러한 결정은 서태평양을 중심으로 격화되고 있는 기존의 미중 해양 패권 경쟁과는 전혀 다른 차원에서 새로운 협력과 공조 체제 구축의 필요성을 불러일으키기도 했다. 바다의 영토 혹은 바다의 길을 누가 확보하느냐의 국가 간 패권 경쟁이 아니라 이제 바다는 모든 인류에게 '운명공동체'에 관한 새로운 과제를 던지게 된 것이다. 지난 4월 22일 한국과 중미통합체제(SICA) 8개국은 일본의 후쿠시마 원전 오염수 방류 결정에 우려를 표명하는 내용의 공동성명을 채택했다. 경기도는 하와이, 캘리포니아, 괌, 퀸즐랜드, 연해주 등을 포함한 태평양 연안 12개 인접국 25개 지방정부에 국제적 공조를 제안하는 서신을 발송했다. 한편, 미국 조지아대 박한식 명예교수는 후쿠시마 오염수 방류 결정에 대응해 한국 정부가 남북 공조를 통해 국제 사회에 공론화해야 한다고 주장했다. 그러니까 이번 사건을 남북 대화 재개와 공조의 기회로 활용하자는 것이다.[1]

이처럼 바다는 모든 국가들이 문화와 종교의 차이, 체제의 차이와 국

---

1 박한식, 「후쿠시마 오염수」 남북이 공동대처해야」, 〈한겨레〉, 2021.5.10.

가 간의 이해관계를 뒷전으로 밀어내고 하나의 인류로 통합할 것을 요구한다. 바다는 인류가 공통으로 가지는 것이고, 그렇기 때문에 바다의 관점에서 모든 인류는 '자연적 공동체'로서 서로 평등한 관계에 있기 때문이다. "하나로 통합된 인류를 보여 주는 가장 인상적인 상징, 인류를 하나로 매개해 주는 분명한 상징, 그것이 바로 바다다."[2]

자연철학자 마이어-아비히(Klaus Michael Meiyer-Abich, 1936~2018)는 1981년 「우리 앞의 바다와 우리 뒤의 바다」라는 논문을 발표했다. 우리 앞의 바다는 생명을 빚어낸 바다이며, 우리 뒤의 바다는 산업적 이용으로 위협받아 미래가 불확실한 바다를 의미한다. 그는 바다가 완전히 오염되는 위험을 피할 유일한 방법은 고대 철학의 정신을 되살리는 것이라고 보았다. 우주를 '모든 사물과 생명체의 권리 공동체'로 보아야만 한다는 것이 그가 요약한 고대 철학의 정신이다. 마이어-아비히는 이렇게 썼다. "두려움과 경외심이 없다면 바다와의 적절한 관계는 생겨나지 않는다."[3]

이제 다시 인천으로 돌아와 보자. 지난 4월 7일 인천시는 '인천 해양친수도시조성 기본계획 수립 용역' 최종보고회를 개최했다. 보고회에서 박남춘 시장은 이 계획이 '그동안 바다를 인천의 것으로 생각하고 일해 왔느냐'라는 처절하고 통렬한 반성 끝에 나온 그림이라고 강조하면서 '시민과 바다를 잇다'라는 핵심 가치와 '2030 인천 바다 이음'으로 미래 비전을 설정하고 5대 목표 및 15개 네트워크화 전략을 제시했다. 그리고 연이어 송도국제도시 매립지의 인공해안선 일원을 자연해안선으로 복원하는 계획도 발표했다. 해양서식지 복원을 통해 인천의 고유 해양생태계 기능을 되살리는 것이 목표라고 한다.

---

2 군터 숄츠 저, 김희상 역, 『바다의 철학』, 이유출판, 2020, 100쪽.

3 군터 숄츠 저, 김희상 역, 『바다의 철학』, 이유출판, 2020, 173~177쪽.

비전 "시민과 바다를 잇다." 2030 인천 바다이음

사업추진 목표 및 전략

개방적 해양친수도시 "닫힌 바다를 열린 공간으로 잇다."	• 정서진 친수 네트워크 • 영종 자전거 한바퀴 네트워크 • 소래~송도 친수 네트워크
재생적 해양친수도시 "시간의 흔적을 새로운 기능과 잇다."	• 인천내항 친수 네트워크 • 용유~마시안 친수 네트워크 • 유휴공간 활용 해양공원 조성(2개소)
상생적 해양친수도시 "시간의 흔적을 새로운 기능과 잇다."	• 인천 바다역(驛) 네트워크 • 항·포구 친수기반 정비(어촌뉴딜300 등) • 인천 해양치유지구 조성(3개소)
보전적 해양친수도시 "우리의 바다를 미래세대와 잇다."	• [문화 체험] 강화 "돈대이음" • [경관 관리] 친수공간 경관관리방안 • [생태 탐방] 친수연안 이음길(6개소)
국제적 해양친수도시 "인천의 바다를 세계와 잇다."	• 친수 페스티발 육성(2개) • 인천 환승객 바다이음 프로젝트 • "인천형 워터프론트" 가이드라인(5개소)

시민과 바다를 잇겠다는 인천시의 구상은 반갑고 또 환영할만한 일이다. 다만 인천시가 제시한 계획안에 '해양교육'과 '해양문화'에 관한 중장기적인 청사진이 보이지 않는 것은 무척이나 아쉬운 대목이다. 물론 위의 사업들을 통해 시민들로 하여금 자연스럽게 바다에 대한 관심을 불러일으킬 수도 있겠지만 반대로 이러한 사업들이 지속적이고 성공적으로 추진되기 위해서는 무엇보다 시민들의 공감과 적극적인 참여에 기반하지 않으면 안 된다. 우리가 이번 세미나를 통해 '인천에 해양문화가 필

요하다'고 거듭 강조한 이유가 여기에 있다. '인천 해양친수도시조성 기본계획'의 수립을 계기로 인천시 정부뿐만 아니라 교육계와 문화예술계가 인천의 해양문화 건설에 보다 많은 관심을 갖게 되길 희망한다.

2021년 5월 21일
인천대학교 지역문화연구소장
권 기 영

인천대학교
중국학술원 중국·화교문화연구소
문화대학원 지역문화연구소 공동기획

바다를 등진 **해양도시**

초판 1쇄 발행 / 2021년 6월 30일

지은이 / 권기영·김창수·손동혁·송승석·심진범·장정구·최영화
펴낸이 / 윤미경
펴낸곳 / 도서출판 다인아트
　　　　출판등록 1996년 3월 8일 제87호
　　　　인천광역시 중구 제물량로232번안길 13
　　　　tel. 032+431+0268 / fax. 032+431+0269
　　　　e-mail. dainartbook@naver.com
마케팅 / 이승희
디자인 / 김다혜
인쇄·제본 / 한컴인쇄

ISBN 978-89-6750-096-2 (03300)